Un petit air de français au jour le jour

じゃんぽ〜る西　　カリン西村

J. P. Nishi　　　**Karyn Nishimura**

白水社

装丁
仁木順平

組版
閏月社

はしがき

　パリでは毎年3月、フランス最大の書籍見本市であるサロン・ド・リーヴル（ブックフェア）が開かれます。東日本大震災が発生した翌年の2012年は、フランス出版界も日本を応援しようと「日本年」を掲げ、20名近い日本人作家がこのサロン・ド・リーヴルに招かれました。パリの生活体験漫画を描いていた私にも声がかかり、大江健三郎さん、平野啓一郎さん、角田光代さん他、錚々たる作家たちの最後尾に私もひとり混じり、渡仏しました。

　当時結婚したばかりの妻カリンが通訳として同行してくれました。私と妻は会場のあちこちで催される作家たちの講演を聴きに行きました。作家の生の言葉が実に面白く、夢中になって巨大な会場を歩き回っている時、私の漫画を読んでくれていた白水社の編集者と出会いました。こうして、翌年の2013年から月刊誌『ふらんす』で私の漫画とジャーナリストのカリンのコラムによる夫婦連載が始まりました。

　フランス人と結婚し、子どもが生まれ、私の日常のなかの「フランス」が一気に増えました。日仏の文化の間で子どもがどんな風に成長し、どんな風に言葉を話すようになっていくかは私のひとつの興味でした。同時に自分のフランス語のできなさにあきらめもありましたし、ついに自分はフランス語の勉強を本気で始めるのではないかという淡い期待もありました。

　毎月、連載の内容は夫婦で話し合い、日常のなかから面白かったことを「フランス語」をキーワードに抜き出してテーマにしました。最初は1年のつもりが気づけばこの夫婦連載も8年目。生まれたばかりだった長男は私のフランス語力をあっという間に抜いて小学生になり、その後誕生した次男はもう2歳。「フランス語っぽい日々」の経過で、過去の原稿を読んでみると自分が変わったなと思うところもあります。しかしなんとも楽しい毎日でした。

　フランス語を勉強する人にも、そうでない人にも、私たち家族の「日々」を楽しんでいただけることを願っています。

著者を代表して　じゃんぽ〜る西

目次

contents

フランス語っぽい日々①

Un petit air de français au jour le jour

avril 2013

私の息子

ん—

ん—う

生後 5ヶ月です

あう

あ—

妻・フランス人

Tu parles, mon bébé?

あうあー

あー

あっ目が合った

じ—

あ〜、

あう

何か俺に言ってる

息子は言語を話せないので感情のままに声を発してコミュニケーションを取ろうとしてくる

私もフランスにいた時にフランス人に向かって息子のように振る舞えたら上達していたかもしれない

あ〜

わうわ〜

会計お願いしまっす!

こうして いずれは フランス語を話すようになるのだろう

いいな お前

100%日本人

フランス語始めて8年経ってもまだしゃべることができない

「愛」は単数、「悦び」は複数
Les délices pluriels d'un amour singulier

　出身も言語も異なるカップルの生活は、文化や言語の違いについての話題で大いに盛り上がれるところがすばらしい！　ただ、わたしの夫は好奇心だけは旺盛な 100 パーセント日本人、フランス語のあらゆる謎について説明するのは容易ではありません。

　たとえば、〈amour アムール〉。「愛」を表すこの語は独特で、文字通り唯一無二。なぜか？　アムールは 1 つしかない時には男性形（たとえば「永遠の愛 un amour de toujours」）、でも複数あるときには女性形になる（「麗しき愛 de belles amours」）。だからって、女性は複数の愛を持つことができて、男性の愛はたったひとつだけ、なんて結論しないでくださいね。むしろその逆かもしれません。

　こんなおかしなことが起きるフランス語の単語は、アムールだけではありません。それと似たケースが「よろこび」を意味する〈délice デリース〉。「真の喜び un vrai délice」は男性形単数、「純なる悦び de pures délices」は女性形複数。男性は悦びを 1 つしか与えられず、女性は複数与えられる、なんて意味ではありません。たぶん……。

　たがいの出身はさておき、夫婦生活はこのアムールとデリースを毎日忘れなければそれで十分。日本のみなさん、アムールやデリースの性と数を使いこなして話せなくてもなんの心配もありません。フランス人だって間違えます。大切なのは、現実の結婚生活において、ただひとつの愛から生まれる複数の悦びを結び合わせる術を知る、ということなのです。

フランス語っぽい日々②

Un petit air de français au jour le jour

mai 2013

フランス・ブルゴーニュ地方に住む妻の親族が6ヵ月の息子のためにプレゼントを贈ってくれた

フランス語を楽しく学べるおもちゃ

ピヨピヨ!

光る

音に反応して歌ってくれる

Chante avec moi!

私も一緒に学習することに

テテテン♪ ・・・♪ テテテ テン♪

ジュシュイ♡

Je suis ね

ルプッサン!

le poussin!

ル プティー プッサン ♪
エクァロメクァトゥタン
ショント アベクチュピテュ
イシャファメトゥリィトゥ〜 ♪

ピヨピヨ ピヨ

アビアン トー!

à bientôt

何言ってっか 全然 わかんねえ ・・・

妻に聴いてもらった

ショント アベク チュピテュ 〜♪

何言ってるか 全然 ワカリマセンネ

フランス人でも わかんねーの かよ!

8

鳥の名前
Les noms d'oiseau

　フランス語は、それを学ぶ外国人にとっては複雑な言語です。でも、その
ニュアンスを日常的に使いこなさねばならないフランス人にとっても、やっ
ぱりややこしいんです。とくに、夫婦生活においては。

　たとえば「鳥の名前」。誰かを鳥の名前で呼ぶことは一見なんの毒もなさ
そうですが、実際には比喩的に「侮辱」の意味を持ちます。だからどんな人
であれ、鳥の名前で呼んだりしてはいけません。ところが現実は違って、
たとえばわが子に向かって「わたしのひよこちゃん mon poussin」と呼ぶな
ど、近しいひとを鳥の名前で呼ぶのはよくあること。ひよこはニワトリの
赤ちゃんなので定義としては小さな「鳥」であることに変わりありません
……。妻が夫を「わたしのオンドリさん mon poulet」と呼ぶこともあります
が、夫はそれで怒ったりはしません。語義通りには「鳥の名前」でも、侮辱
ではないからです。いっぽう「僕のメンドリ ma poule」と呼ぶのは少々侮
辱的で、愛人の意味にもなりえます。ちなみに妻が夫を「わたしのアヒル
mon canard」と呼んでも別に下品にはなりません。

　親しみを込めたこれらの呼び名は鳥の名前だけとはかぎりません。夫に
は「わたしのウサギ mon lapin」、妻には「僕の雌鹿 ma biche」など、他の動
物の名を使った愛称もあります。わたしの親戚のあいだでは、もっと珍し
い愛称もあって、おばはもう何十年もおじのことを「ヘアカーラー bigoudi」
と呼んでいますが、その理由はいまだにわかりません。いとこは、夫のこ
とを「キウイ kiwi」と呼んでいますが、それは「外見は毛深くて、中身はス
ウィートだから」。夫婦のあいだでもっとも使われているのは「モンシェリ
mon chéri」や「マシェリ ma chérie」、あるいは「モナムール（わが愛）mon
amour」ですが、これなら鳥の名前のように侮辱的になる心配もありません。

フランス語っぽい日々③

Un petit air de français au jour le jour

juin 2013

私は妻がフランス人ということで周囲の人からフランス語の質問をされることがちょくちょくあります

今度新築旅館のプレゼンやることになって

デザインのコンセプトとして**ジビエデザイン**という言葉を考えたんだけど変じゃない？

山から持ってきた岩や木の美しさをそのまま生かすって意味なんだけど…

妻に聞いてみます

大丈夫でしょ

答え

変です

gibierは猟肉料理の言葉ですから

うっわあ…すごくイヤそうな顔してるわ

その意味だとnaturelが良いです

だそうです

ナチュレルだとありきたりなんだよな

ジビエ使いたいなあどうしても変かな？

「ギリギリあり」でもいいからフランス人のお墨付きが欲しい気持ちがわかるのでいつも私は板ばさみだ

カタカナとしての響きが欲しいだけなのにねえ…

店の名前の相談も多い

肉とワインが売りの店でネ…

英語のビーフをもじってvie feuという店名にしたいんだって

vie
生命、人生

feu
火、火事

それがダメならbuffet de biffeだって！ 変？

buffet
ビュッフェ、立食の料理

biffe
歩兵

和製フランス語、あるいはフランポネ
Franco-japonais ou franponais

　日仏カップルのあいだに生まれた子どもは、フランス語と日本語のあいだでどうやって自分の立ち位置を見出すのでしょうか。つまり、日本語にフランス語の文法をあてはめたり、フランス語の文章に日本語の単語を滑り込ませたりすることなく、あるいはその逆のパターンに陥ることもなく、どうやってバイリンガルになるのでしょう。しかし実はこれ、ごく当然のこと。最近の研究によれば、乳児は 7 か月にして、たとえまだなにも理解できていなくても、リズムやイントネーションから 2 つの言語を区別できるようになるのだそうです。

　でも大人はそうはいきません。日本人は、フランス語のイントネーションや文法、また例外だらけで新語も多いフランス語の語彙を持つ、しかしフランス語ではない「ことば」を意図せずに創り上げました。それが「フランポネ franponais」。使われている単語はほぼすべて知っていても、フランス人の大半には意味がわかりません。「フランポネ」はたいてい、フランスのファッションが好きな日本のクリエーターやコピーライターによって作られた言語です。かれらは、日本人がフランス一般、とくにパリからイメージするシックな雰囲気をまとわせたいというわけ。

　ともあれ、モリエールの言語（＝フランス語）を使ったこうしたフランポネの戯れは、フランス語への麗しきオマージュであることをフランス人だって理解しています。さまざまなフランポネをその写真とともに収集した詩的で、また笑いを誘うアンソロジーが何冊も出版されたほど。それに実を言えば、フランス人だって、単にカッコよく見せたいがために漢字をつかっては、見事なヘマをやらかしているのです。

子どもの呼び名に隠された意味
Le sens caché des sobriquets d'enfants

　アヒルちゃん、ノミちゃん、ウサギちゃん、ウズラちゃん……以前にもご紹介したように、フランス人カップルは、愛情や思いやりを込めていろんな愛称でたがいを呼び合うため、膨大な動物名リストからためらいなくあれこれ引っ張りだしてきます。もちろんそれは、自分たちの子どもについても同様。そして、それは動物にとどまりません。また娘や息子にもこうした愛称を与えるだけでは飽き足らず、年齢や状況によって呼び変えたりもするんです。

　たとえば、わたしは 9 か月になる息子がおもしろい動きをするときには「プティ・ギニョール（指人形ちゃん）petit guignol」と呼び、またしかめっ面をするときには「プティ・サンジュ（おサルさん）petit singe」、尺取り虫のように動いているときは「プティ・タスティコ（ウジ虫ちゃん）petit asticot」などと呼んでいます。これはなにもわたしが勝手に作ったものではなく、辞書にも載っているくらいおなじみの表現です。《faire le guignol おどけて見せる》、《faire le singe しかめ面をする》、《un drôle d'asticot いたずらっ子》といった具合に。

　もともとはどちらかといえばネガティブな表現も、わが子に対して、しかも形容詞《petit》を加えるとポジティブな意味になります。例を挙げましょう。《fripouille ぺてん師》や《canaille 悪党》は、そもそもは信頼できない人を指す話しことばですが、《petite fripouille》や《petite canaille》と petit（e）をつけると、むしろかなりやさしげな意味になるのです。みなさまご安心ください、うちの息子はむしろ「天使ちゃん petit ange」ですので！

フランス語っぽい日々⑤

Un petit air de français au jour le jour

août 2013

妻と息子と一緒に妻の実家へ行きました

フランス・ブルゴーニュ地方

実家では英語を話す人はいないので完全なフランス語環境だ

フランス語 話せないからせめて笑顔だけでも！

親族の方々は皆ものすごく親切で外国人の私には簡単なワンフレーズだけで話しかけてくれているようだ

気を遣わせて申し訳ないな

義父と二人きりで食事した時のこと

Ça va?

ウィー！

トレビアン！

元気？と質問された時の模範的回答の仕方（のつもり）

もぐ もぐ

カチャ カチャ

Ça va?

ウィー！トレビアン！

もぐ もぐ

…

カチャ カチャ

Ça va?

ウィー！トレビアン！

なんで食事中に3回も元気？って聞くの？俺の笑顔が足りないのか？

Ça va?

ウィーッ

なんで？

《Ça va?》には「おいしい？」とか「量は足りてる？」というニュアンスもあることを後に知りました。

14

サヴァ？
Ça va ?

　初めて日本語に接したフランス人には、日本人はお店でもラジオでも友だちと会話をするときでも、いつでもつねに「です」「（い）ませ」と言っているように感じられます。もちろん、それは何の意味もないけれど、日本語を話せない者にとっては、結局のところそれしか聞こえてこないのです。というのも、日本語の多くの言い回しが「です」「（い）ます」「（い）ませ」で終わり、そして、さらに「ね」や「よ」が繰り返されるのですから。口グセの多い日本人も結構います。思い出すのは、あるテレビのコメンテーター。彼は口を開くたびに「やっぱり」と言っていました。

　逆に、日本人がフランス人に出会うと、《hein（アン）》《euh（ウ）》のような、とくに意味のないクセや表現に気がつくことでしょう。あるいは、意味はあっても、あまりにしょっちゅう使われるのでもはやほとんど意味が失われていることばに。たとえば《Ça va ?》（＝元気？ だいじょうぶ？）がそう。知り合いに会ってあいさつをするとき、それが偶然であってもそうでなくても、１日に複数回でも、条件反射的に発せられることば。特別な理由がないかぎり、「ノン」と答えてはいけません。さもないと、聞いてくれた当人を気まずくさせてしまいます。「ウィ」と答えれば会話は自然と別の話題へ。でも「ノン」と答えれば、相手は「どうしたの？」と聞かざるを得ず、避けたかったかもしれない話が始まったり、面倒なことになります。

　「ウィ」とも「ノン」とも答えずに、相手に礼を返す方法も。「あなたは？ Et toi ?／Et vous ?」と聞き返せばよいのです。そうすれば、もし元気じゃなくても嘘をつかずにすむし、「ノン」と答えて失礼になることもありません。もし本当に具合がわるくて、それが誰の目にも明らかであれば、そのときはやはり本当のことを言いましょう。まあ、そんな場合はおそらく「元気がなさそうだけど、だいじょうぶ？」と聞いてくれるはずなので、「ノン」と答えてその理由を伝えましょう。

フランス語っぽい日々⑥

Un petit air de français au jour le jour

septembre 2013

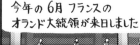

今年の6月 フランスの
オランド大統領が来日しました

フランス大使館が主催した
懇親会に招待された私

大統領に会ったら
なんて挨拶すれば
いいんだ?

フランス人の妻に相談した

"Comment allez-vous
monsieur
le président?"
です

ちょっと長いな いつもの
"Salut, ça va?" じゃダメ?

フランス全国民に
ケンカを売ることに
なりますネ

正確には
"Comment allez-vous monsieur
le président de la République
française?" です

あー
もういい
もういい!

当日に向けて練習を始めた

コマンタレヴ
ムッシュール
プレジドン

コマンタレヴ
ムッシュール
プレジドン

待てよ。オレは
漫画家
なんだし

似顔絵を
描いて渡した
方がウケるの
では?

大統領とパートナーの
ヴァレリーさんのツーショットで
似顔絵を描いてみた

どうヨ?

ムフフ…

今、二人の関係が
冷え込んでいる
可能性があります

似てないと言って
ヴァレリーさんが
怒るリスクも
ありますネ

結局、大統領と安倍首相のツーショットの
似顔絵にして事無きを得た

コマンタレ
ヴ
ムッシュール
プレジドン

ごきげんいかがですか？
Comment allez-vous ?

　《Salut ! Ça va ? やあ、元気？》——フランス人がしきりに使うこの表現、みなさんよくごぞんじですよね？ でも使い方にはご注意を。もし、相手が知らない人だったり、明らかに目上のひと（たとえばフランスの大統領！）だったりしたら、まちがってもこんな風に尋ねてはいけません。でももっと丁寧な表現だったなら、まったく同じことを聞いても OK ——《Bonjour monsieur (madame), comment allez-vous ? こんにちは、ごきげんいかがですか？》。これはフランス語の敬語の一例ですが、フランス語の敬語には、ときに日本語の敬語と変わらないくらい難しいものもあります。

　いつ、誰に対して〈tu きみ〉で話してよくて、いつ、誰に対しては〈vous あなた〉を使わなければならないのか。明確なルールはありません。そこには関係性や直観が関わってきて、とたんにひどく複雑なものになってきます。一般的に、ヒエラルキーが上の人には〈vous あなた〉を使うべきとされていますが、多くの場合フランス人は〈tu きみ〉を使います。情報通信・ジャーナリズム・広告の世界では、ほとんどの人が、たとえ初対面であっても〈tu きみ〉を使います。正直なところ、わたし自身はあまりなじめません。結果、社内でボスに対して〈vous あなた〉で話しかけるのはわたしだけ。いっぽう、テレビやラジオの司会者は番組中、ゲストには〈vous あなた〉で話すのが通例。舞台裏では〈tu きみ〉でおたがい話をしていても、です。また、一般的に子どもは自分の親と話す時には〈tu きみ〉を使いますが、高貴な家庭では〈vous あなた〉で会話します。名字に貴族の証である〈de〉がつく友人は、両親をママやパパと呼ぶことも〈tu きみ〉で話すこともなく、《mère 母上》、《père 父上》と呼んで〈vous あなた〉で話しかけています。側で聞いていると奇妙で、まるで過去の時代に遡ったような気分になります。

フランス語っぽい日々⑦

Un petit air de français au jour le jour

octobre 2013

ニューカレドニアのサロン・ド・リーヴル SILO※に 参加してきました

日本

ハワイ

ここ

オーストラリア

フランス本土以外の仏語圏は初めてなのでとても新鮮！

※ 文学シンポジウム、書籍見本市。www.silo.nc

日本からは詩人・翻訳家の関口涼子さん、作家の平野啓一郎さんが参加した

フランス語を話せる日本人はかっこいい。二人が講演する姿はまぶしかった

特に関口さんはフランス語を話す時は物腰もフランス人のようになる

フランス人の心に届く所作

私はこれだと思った。フランス語を習得するには体から入るべきだと

自分なりに考えたフランス人像を体現

パーティでニューカレドニアの人達が挨拶しているところを見ると異常に近接していた

挨拶している間にお腹とお腹がくっついているのだ

私も挨拶してみた

コマンタレヴ ムッシュール プレジドン？

実は知事さんでエライ人だった

・・・

握手しながら徐々に近づく

お腹がつくまで近づく勇気は出なかった

なかなかフランス人のようには振るまえんものよ！

？

18

世界の果てのフランス語
La langue française au bout du monde

　ある人が何語を話すのか、それはその人の顔だちからは読みとれないし、類推もできません。ときに大いに驚かされることがあります。

　最近、わたしたちはニューカレドニアを旅行しました。ニューカレドニアは1853年からフランス領。東京からは約8000キロ、フランスからは2万キロ離れています（フランス本土の人間は、ここの住人たちのことを「ネオ゠カレドニアン」と呼んでいます）。太平洋のど真ん中、人口25万人ほどのこの群島で、フランス語が話されていることはもちろん知っていました。ニューカレドニアには、カナックと呼ばれる原住民たちが話す40ほどの言語が存在し、それらはみな「文化言語」と認められてはいても、公用語は唯一フランス語だけだということも。ところが、カナックであれ、アフリカやその他の土地にルーツを持つ子孫たちであれ、出身が実に多様な住人たちによってそこで話されているフランス語は、なまりも、また地方特有の目立ったくせもなく、ほんとうにきれいなフランス語で、そのことにとても驚きました。

　もっとも驚いたのは、先祖にフランス人が一人もいないにもかかわらず、自身は完璧なフランス語話者というネオ゠カレドニアンたちに出会ったことです。そればかりか、ニューカレドニア生まれで先祖（父親やお祖父さん、あるいは曽祖父）は日本人だけれど、まったく日本語がわからないという人たちともフランス語で会話をしました。彼らの祖先たち（実際に会ったことはないのかもしれないですが）は、1892年から1919年にかけてニッケル鉱山で働くためにニューカレドニアにやってきました。そして1941～1942年に戦争のため国外退去となり、家族をニューカレドニアに残していくことに。子どもたちに日本語を教える時間もなく、そのため残された子孫たちはフランス語話者となったのです。

フランス語っぽい日々 ⑧

Un petit air de français au jour le jour

novembre 2013

日仏ハーフのアナウンサー滝川クリステルがIOC総会でフランス語でスピーチをして東京オリンピックを勝ち獲った夜

私はリアルタイムでその放送を見ていた

いちファン

横ではフランス人の妻が日本メディアの反応を記事にしていた

ジャーナリスト↓

カチャ

カチャ

ところで私はフランス人のフランス語を聴くと胸がモゾモゾする

自分の理解を超えた妙ちきりんな音が時々聴こえてきて変な感じがするからだ

想起されるイメージ

[r] [w] [ɥ]

滝クリのフランス語はさすがの流暢さだ

でもあの変な感じが全然しなかった

ききやすい

もしかしてネイティブのフランス語じゃないのでは？

？

いや！ハーフだからそれはない！

フランス語を話せない俺にそんな違いがわかるわけないし…

ねえこのフランス語ってどうなの？

フランス人のアクセントではアリマセン

きっぱり

ええ!?

クソッ当たってるなら最初からそう言えば良かった

このフランス語ネイティブじゃないね

オリンピックとフランス語
Les Jeux Olympiques et la langue française

　2013年9月7日（土）の夜から8日（日）にかけて、多くの人がテレビの前に釘づけとなり、ブエノスアイレスで行われた国際オリンピック委員会（IOC）総会での投票結果を待っていました。そしてまた多くの人が、高円宮妃が美しいフランス語でスピーチをするのを聞いて驚いたことでしょう。つづいて滝川クリステルが登壇。彼女の話し方には明らかに日本語のなまりがありました。そして彼女と、彼女のスピーチの内容についてみなが覚えているのは、フランス語のセリフではなく、日本語の「お・も・て・な・し、おもてなし」でした。さて、この美しい二人の女性がフランス語で話したことが、なぜ東京を優位にしたのでしょうか？

　オリンピック憲章によれば、フランス語は英語とともにオリンピックの公式言語だからです。オリンピック開催地に立候補した東京の申請書類を見れば、これら2言語で書かれていることがわかります。フランス語がオリンピックで称揚されているのは、あるひとりのフランス人がオリンピックを称揚したから。彼の名はピエール・ド・クーベルタン。近代オリンピックは彼の功績により今に続いているのです。近代オリンピックはクーベルタンの提唱によって19世紀末に誕生し、オリンピック発祥の歴史的な地、ギリシアのアテネで1896年に幕を開けました。とはいっても、開催国は競技においてフランス語を使うことを強制されているわけではありません。東京都は、オリンピック2020の公式言語を英語としました。フランス語学習者たちの力で、これを食い止めることはできないものでしょうか。

　最後に、エピソードをひとつ——東京都による開催地立候補の申請書には、［7月末から8月始めの］競技期間の日本の気温（températures）は〈douces おだやか〉だと書かれていました。もし、夏は日陰で測っても温度計は摂氏30〜35度を示すと知っていたならば、それにふさわしいフランス語は〈torrides 灼熱の、焼けるような〉だったことでしょう。

フランス語っぽい日々⑨

Un petit air de français au jour le jour

décembre 2013

息子(一歳)

ギョーザ

ギョーザ ぱた
ギョーザ ぱた
ウフフ
ヤメテ下サイ

え?知らないの？
ギョーザ
たこ焼
ヤメテ
ヤメテ

そんなことをしたらこんな耳になってしまいマスネ

フランス人の妻は「立ち耳」のチェックが厳しい

耳が変デスネ

ニュースキャスター

フランスでは立ち耳は美観を損ねるものだと言う

矯正手術もありますヨ

マジかよ

日本ではネガティブなイメージはなくアイドルにも立ち耳の人がいると伝えると

信ジラレナイ

佐藤藍子

中川翔子

AKBとかHKTとかの何某

でも息子がすきっ歯だとわかった時は

あっ

生えてきた

これは"dents du bonheur"
(幸運の歯)といって良いものです♡

何故...？

むしろ貧相で幸せが逃げていくイメージだが...

言われてみればバネッサ・パラディもシルヴィ・バルタンもブリジット・バルドーもジェーン・バーキンもすきっ歯美女なのでした

ベアトリス・ダルも

うーん...

体にまつわる表現
Les expressions verbales corporelles

　どんな文明にも迷信があり、どんな文化にもならわしがあり、どんな言語にも特有の表現があり、そして時として、この三者はひとつに結びつくものです。日本語でもフランス語でも、迷信やならわしをよく伝える表現に出会います。たとえば、フランスでは上の前歯の隙間が空いている人を「幸運の歯 dents du bonheur」をした人と呼びます。このすきっ歯が好機を運び、幸せにしてくれるというのです。この「民間信仰」が何に由来するのかは定かではありませんが、この考え方はかなり定着しています。わたし自身のケースからしても、これは当たっています！

　歯にまつわる表現はほかにもあります。「長い歯を持つ avoir les dents longues」とは「野心家である」という意味。ただし野心家も度がすぎて「歯で月を摑む prendre la lune avec les dents」ことを望めば、それは不可能に挑むことになりかねません。反対に、「鼻の先より遠くは見ない ne pas voir plus loin que le bout de son nez」ならば、あまりに考えが浅くて鈍いことを指します。

　日本では、福耳の人はお金が貯まるというそうですね。フランス語にそれに似たものはありませんが、「指に立派な指輪をはめている avoir une belle bague au doigt」は裕福だという意味だし、逆にケチなひとは「鉤形に曲がった指 les doigts crochus」をしているといいます。高価なものは「顔から目が飛び出るほど高い coûter les yeux de la tête」し、「目で得る avoir à l'œil」とはタダで手に入れること。

　口に関しても、論文が書けそうなほどネタはあります。たとえば「ハート型に口をすぼめる avoir la bouche en cœur」とは「気取る」という意味。それと意味は近いけれど、あまり美しくない言い回しが「メンドリの肛門みたいな口 la bouche en cul de poule」。おっと、ストップ！ この辺でやめておきましょう。あまりにいろいろありすぎて頭がおかしくなりそうです。それでは「よい足、よい目 bon pied bon œil」を（＝お元気で！）。

言葉酔い
L'ivresse des mots

　1月といえばお正月、年越しからの「新年の祝い fêtes du Nouvel an」です。新年の祝いといえば、フランス人にとってはシャンパーニュが欠かせません。そしてシャンパーニュと来れば、そこには酔いが伴います。ところで、ワインをたっぷり飲んで抑制がきかなくなった人はおしゃべりになり、アルコールのせいで舌が回らなくなってもかまわずしゃべろうとするもの。ワインがもたらす酩酊は、俗に「言葉酔い l'ivresse des mots」と言われる、長ったらしくまくしたてる状態、べつの言葉で「しゃべりたおし dégoisement」の状態を引き起こします。「冗長 prolixité」「多弁 volubilité」「能弁 faconde」「饒舌 loquacité」……これらはどれも、次から次へとまくしたてる様子を表す類語で、比較的硬めの単語です。ほかの言い方もできます。もっと砕けた表現で、先にも書いた「しゃべりたおし dégoisement」や、「口達者 bagou」「ぺちゃくちゃ tchatche」「おしゃべり tapette」「さえずり jasette」なんていうのもあります。

　どうですか？　何に関しても単語が次々あふれるフランス語の豊かさに圧倒されましたか。どの語もそれぞれにニュアンスをもち、ほかの語と差別化を図っています。記者や物書きにとって、文体や状況に応じてそのつどもっともふさわしい表現を選ぶことほど大きな喜びはありません。ですから、フランス語で書かれたもっとも美しい本は、まちがいなく辞書！　それに、フランス語は日本語とは異なり、ひとつの文章のなかで同じ語が何度も繰り返されることをきらいます（文体上の効果をあえて狙っている場合は別として）。「ある語が知らないことを、別の語が明らかにする」と言った、かのヴィクトル・ユゴーは、「ことばは、魂の神秘的な通行人」とも言っています。フランス語の語彙でみなさんの頭が日々埋め尽くされますように！

フランス語っぽい日々⑪

Un petit air de français au jour le jour

février 2014

息子
1歳
3ヵ月

フランス風に
言うと
15ヵ月

まだ
話せ
ません

On va faire dodo.

オン ヴァ フェール ドド

「寝ましょう」
って 言ってる
のか…
なるほど

妻のフランス語
で学習中
←

とこ とこ

ちゃんと自分で
寝室へ行きました
フランス語が
わかっていますネ

偶然
でしょ

翌朝

Va chercher
ton manteau.

？

なんて
言ったの?

上着を取って
きてと言ったの
です

トコ
トコ
トコ

ぐ偶然
でしょ

Lève le pied,
l'autre pied.

しゅっ

なんて 言ったの?

靴下を
はくので
足を上げて
と言いました

じゃんぽ〜る西

フランス語能力
息子に抜かれる
もう

似て非なるもの
Pareil mais différent

　フランス語を身につけることは、フランス人の子どもにとってもすでに楽なことではないのだから、日本人の青年や大人にとってその難しさが相当だとしてもしかたありません。でも、夫にも安心してほしいのですが、それは克服不可能というわけでもまたありません。理想的には、幼い子どもが耳で聞いて何度も真似をし（かならずしもすべて理解できなくとも）、言語の細かい部分までごくごく自然なかたちで徐々に吸収していくように学べることがいちばん。でも、ああ！ああ!! ああ!!! それはムリというもの。大人になると、文法・活用・統辞法など規則にしたがって単語をどう組み合わせ、どう読んだらいいか……そうやって頭で理解しないと身につけられないものです。

　問題なのは、規則が複雑なだけでなく不規則だということ。言い換えれば、どんな規則にも例外があるということです。たとえば、300 という数字を文字で書くと《trois cents》となります。cent（100）が複数あるので、複数を示す〈s〉がつきます。ところが、320 はというと《trois cent vingt》。後ろに vingt（20）がつくことで cents の〈s〉がとれます。つまり、規則には例外があり、さらに例外の規則というのもあって、どちらも覚えておかなければならないのです。

　単語の発音にしたって複雑です。理屈どおりに文字の集まりを読めばいいというわけではありません。単語の真ん中や最後にあって読まない文字がありますが、常に読まないわけでもありません。たとえば《le fils de mon voisin 隣人の息子》の〈fils〉は「フィス」で〈l〉は読まない。まったく同じように書くのに、発音はちがう場合があります。《les fils électriques 電線》の〈fils〉はフィルと読む。どうしたらわかるのか？ それはたったひとつのロジック、すなわち意味のロジックです。これらの単語を聴いて意味を理解して初めて、間違わずに読んだり書いたりできるようになるのです。がんばってください！

フランス語っぽい日々 ⑫

Un petit air de français au jour le jour

mars 2014

近頃は妻が息子に絵本の読み聞かせをしています

le louveteau hurle

les perroquets jasent

？

フランス語の発音は複雑怪奇で私には聞き取れない

ル サンジュ ドォ
le singe dort

おっ！！！

"お猿さんが寝ています" 唯一これだけは聞き取ることができました

ルサンジュドォ！

これなら俺も言えるぞ！

困るのは息子が私にフランス語の絵本を読んでくれとせがんできた時です

ん〜

んぃ〜

ん〜

ほら、こっちの日本語の本にしよう

ブン ブン

ダメ？

…

ル サンジュ ドォ

パラリ

ル サンジュ ドォ

パラリ

全ページこれでいくことに

ル サンジュ ドォ

パラリ

俺が変なフランス語を話してもこの子には害になるだけだ

ル サンジュ ドォ

だが ルサンジュドォだけは大丈夫だ！

違いますよ singe [sɛ̃ʒ] です！

ガッ

サァンジュ！

これすら正しく言えてなかったのか…

Singe！

何が違うの？

聞こえたとおりにしか言えない！
On ne peut répéter que ce qu'on entend !

　わたし自身も含め、フランス人は日本人がいくつかのアルファベットや音節をうまく発音できないことを、ついからかったりしてしまいがち。いちばんいい例は、日本人が苦手なRとL。このRとLをめぐっては、状況によっては思わず笑いが起きたり、台無しになってしまうこともあります。《élection 選挙》と言うつもりで、日本人はうっかり《érection 勃起》と言ってしまい、わが同胞たちはつい笑ってしまうといった次第。しかし、そんな人を馬鹿にしたような態度はまちがっています。われわれフランス人だって、正確に聞きとったり、発音したりするのが難しい日本語の音が、けっこうあるのですから。

　実際、100パーセント日本人のわが夫は、わたしの残念な間違いを何度正してくれたことでしょう。たとえば「湯豆腐」。「いうどふ」ではなく「ゆどうふ」だよ、と正されたことは10回ではききません。夫がそう指摘してくれるときも、その発音に耳を集中させなければ違いはまったくわかりません。わたしにとってはどちらも「いうどふ」と聞こえるのです。「情勢」と「女性」も同様。もし集中してゆっくり発音するのなら、違いは出せます。でも正直なところ、日本人が話すのを聞くと、どちらの場合もまったく同じ「じょせい」と聞こえるのです。要するに、同じ音で構成されていて、母音を伸ばすかどうかの違いしかない単語は、外国人には同じように聞こえ、また同じように発音される可能性があるのです。日本人が聞いたらそれこそ大笑いされる恐れもあります。正しく聞きとれなければ、正しく真似することなどできませんが、結局のところ、人前で笑われることが、正しい発音を忘れない最良の方法なのかもしれません。古いことわざにもあるように、《À bon entendeur, salut ! 肝に銘じて（＝正しく聞く、理解する者に救いを）！》

「オリンピック招致と子どもの未来」
2013年4月〜2014年3月

いつもテーマはどうやって決めるのですか？

ふだん家で起きたことや、日本やフランスのニュースなど、食事のときにのぼる話題のなかで、「じゃあ、つぎはこれにしようか」というふうに、ごく自然に決まります。なので、テーマは無限にありますよ。

もちろん、漫画として面白く描けそうかどうかも重要です。ふたりで決めたテーマについて、まずカリンが先にコラムを書いて、それに合わせたり、補ったり、あるいは逆の視点から眺めたりして、漫画を仕上げています。

日本の漫画はふつう右開きなので、コマの進み方も左右逆ですが、じゃんぽ〜るさんにとって描きにくさはないですか？

じつは私はもともとバンド・デシネ（フランスの漫画）が好きで、フランスで修行したいと思ってワーホリで行ったほどなので、バンド・デシネとおなじ左開きには違和感もなく、描きにくさはないんです。むしろ苦労しているのは書き文字です。一般的に、日本では文字（ネーム）を出版社で活字に直してくれますが、ここではぜんぶ自分で手書きしているのでそれが大変です。とはいえ、バンド・デシネには文字が手書きというのは結構あるんですけどね。

連載初年度で印象深かったことはなんですか？

当時の大統領だったオランド氏が来日した際（第6話）、直接インタビューできたことが印象に残っています。オランド氏も、同行した大臣たちも、何を聞いても即座に明晰な返答が返ってきて、政治家はやはり言葉を扱うプロなんだと感心しました。あとはなんといっても東京オリンピック招致決定（第8話）。子どもが生まれたことで、開催される7年後はどうなっているだろうかと、いろいろふたりで想像して楽しみました。そのとき8歳になる長男は、どんな風にオリンピックを間近で経験するのかな、とか。まさか今のような状況になるとは想像もしていませんでした。それまでわたしは日本の最新通信技術について記事を多く書いていたのですが、世界の関心がどんどん中国へと移っていった時期でもあったので、オリンピックによって日本の技術開発がまた進んで、再び世界のメディアの注目を集めるのでは、と密かに期待していました。

フランス語っぽい日々⑬

Un petit
air de
français
au jour
le jour

avril 2014

東京に新しい知事が誕生した

舛添要一
(65) 結婚3回
子ども5人

舛添氏はフランス語堪能で知られ「6ヵ国語勉強法」という本を出している

私は
これだ!
と思った

しかしあいにく都知事当選効果によるマスゾエバブルが発生しネットの古本市場では半年前の10倍の値がついていた

6千円?
アホか
一っ

せどり屋
めーっ!

結局 都立図書館に行って1時間半かけて読破した

前で新聞読んでるオヤジの足が猛烈に臭い

あれ?この本
文字が横組み
なのか

意外
だな

横書きの文章の中には時折私でもわかる平易なフランス語が混じっておりくすぐってくる感じだ

'Où viens-tu?'

'Je viens du Japon.'

海外旅行が当たり前でなかった時代に帰国子女でもなかった氏が地道な語学学習を積み重ねた体験が語られている

青春時代にボロボロになるまで使った辞書の写真も紹介されていた

ボロ...

読みながら一瞬学習意欲が沸き立つのを感じた

うおお...
フランス語が
話したい!

図書館の中にいるのにフランス語で何か話したかった

何でもいいから今すぐに

でも帰宅するとフランス人の妻にいつものように日本語で話してしまっていた

今夜のおかず
ブリ大根にしよう

ダメな
私

ポリグロットな政治（ポリティクス）
Politiques polyglottes

　ごぞんじですか？ 東京都知事になった舛添要一氏［2014年現在］は、英語とフランス語を話すそうです。英語とフランス語は、舛添氏が取り組まなければならない東京オリンピックの公式言語なのでこれは好都合。複数の言語が話せること、つまり「ポリグロット polyglotte」（古典ギリシア語を勉強したフランス人ならこう呼ぶ）ないしは「マルチリンガル multilingue」（ラテン語を学んだであろう人たちはこちら）であることは、すばらしい。まちがいなく役に立ちます。複数の言語が話せるべき職業といえば、国家の代表でしょう。でも残念ながら常にそうとはかぎりません。国際会議やサミットには通訳者がほぼかならずいます。彼らの存在は不可欠ですが、ミスがないともかぎりません。最近、日本の首相官邸は、ある歴史的言及について通訳が誤った翻訳をしたとして、外交問題にも発展しかねないとこれを糾弾しました。

　もし政治家たちが2か国語、3か国語、あるいは4か国語話せるとしたら、世界の様相は変わるでしょうか。それはわかりませんが、ネット上は変わることでしょう。国家主席たちが外国語でたどたどしく話し、なにやら珍妙な間違いをやらかしたりすると、それを笑いの種にするネット画像が後を絶ちません。たとえば、フランスのニコラ・サルコジ元大統領がヒラリー・クリントンをエリゼ宮に招いた際、曇天の空を指して「Sorry, for the time.」と口にしました（フランス語では「天気」も「時間」もどちらも同じ〈temps〉という単語！）。サルコジにとってラッキーだったのは、前妻も、また現在の妻であるトップモデルのカルラ・ブルーニも、国際的なパーティの席で大いに助けてくれたこと。シラク大統領は、海外訪問で一般市民と接する際には、いい顔ができる程度の英語は話したそうです。その前のミッテランは、謎のベールを守ることに成功しました（彼が英語を話せたのかどうか、誰も知りません）。フランソワ・オランドの英語のレベルはそこそこ。幸いです。だって、彼にはもう助けてくれる妻がいないのですから。

フランス語っぽい日々⑭

Un petit
air de
français
au jour
le jour

mai 2014

妻と二人でソフィー・マルソー出演映画「LOL」のDVDを観た

映画は字幕版である

Les femmes, vous baisez pas comme ça

割り切ったセックスなんて女には無理さ

Vous avez besoin de sentiments

Senti, quoi?

Vous allez pas aux putes hein

プッ

On peut pas dire que la sexualité soit la même pour les hommes que pour les femmes

ブーーーoo

Pourquoi tu vas aux putes, toi?

何がそんなにおかしいんだ？

コメディ調の映画を観るといつもこのようなギャップが夫婦間で起きる

バカウケ

なんとなく楽しいシーンであると感じる程度

ブー

Il lui roulait des grosses pelles et avait une main sur son cul!

相手のお尻に手を回してディープキスしてじゃないの

ブーッ

一体何がそんなに面白いの？

あの言葉づかいは柄の悪い男の人がするもので女性は普通はしません

へえ日本語字幕よりも実際は下品で過激なセリフなんだね

culはお尻でなくケツ、みたいな

ちなみにダウンタウンのコントを観る時は逆になります

そのことによって俺のXXXがぴちょぴちょになるんちゃうんか

何ぬかしとんねんお前アホかコラボケェ

ブー

？

「LOL」(2009) は、「ラ・ブーム」(1980) で奔放な少女を演じたあのソフィー・マルソーが、年頃の娘の恋に翻弄されるシングルマザーを演じて話題となった映画です。

字幕、あるいはオリジナル版
Sous-titres ou Version Originale

　フランス人はああだ、日本人はこうだ……日本人、フランス人どちらの側にも、おたがいのふるまいに深く根ざしたそういった憶測や断定があるもの。こうした一般化は、ありとあらゆるテーマ——「恋愛」はもちろんのこと、当然「食生活」や、また「家庭生活」や「仕事」など——におよびますが、あたっていることもあれば、まちがっていることもあります。

　いつだったか、日本人の夫と一緒にフランス映画を見ていたときのこと。音声はフランス語で日本語の字幕がついていました。これはわたしの方が有利です。ところが、夫は字幕を読まなければならないことに問題を感じている様子もありません。その時ふと、フランスでは、「日本人は字幕に何の抵抗もなく、映像全体を眺めながら字幕を完璧に読んでいる」と言われていることを思い出しました。いっぽう、われわれフランス人はというと、字幕を目で追ってしまうと、映像が目に入らなくなってしまいます。おそらくこの違いは、日本人が若い時から漫画に親しんでいて、一目で画像と文章を同時に捉えることにおいてわれわれより長けていることが理由ではないか、これはなかなか深い説明だと得意になったわたしは、夫に自分の分析を披露してみました。その時の夫の顔と言ったら！「なに言ってるの。字幕を読むのは面倒に決まってるよ。でもしょうがないから読んでるんだよ。場合によっては字幕を目で追ってそれから画面全体に視線を戻したり。それってフランス人もみなやってることじゃない？」。さらに夫が言うには「もっとも、フランス人はみんな字幕を読むでしょ。だって、みんなシネフィルだから吹き替えは嫌い。俳優の演技を見るだけじゃなく、耳でも聞きたいんじゃないの？」ええ、そうね。フランス人はみなシネフィル！ だから名作しか上映されないし、名作だけが記憶に残る……ああ、それこそクリシェ（紋切り型）です！

フランス語っぽい日々⑮

Un petit
air de
français
au jour
le jour

juin 2014

まだ日本語もフランス語も話さない息子

もう5単語ほど口にする
頃なんですけどねえ

と定期検診で言われてしまいました

最近はパズルに夢中です

るーあー

たーとぅー

パチッ

Non! Non!

パチッ

Oui!

C'est là

母親の指導のもとアルファベットの
パズルを完全にマスターしました

Oui!

すごい
じゃん

やがて上達しすぎたのか、わざと
間違えるようになりました

あー

とぅーー

パチッ

ナッ

ナッ

パチッ

ンナッ

ンーナッ

初めて話せるようになった
フランス語は「Non」でした

ナッ

フランス人
だ…

36

なんでも逆
Tout à l'envers

　住む国を変えるということは、何もかもが一変することです。日本という国に降り立ったフランス人にとって、日本での生活は容易ではありません。それは、日本語の難しさや社会のルールの厳しさのせいだけではありません。フランス人の目から見ると、日本人のすることが何かにつけて真逆だと映るからです。

　たとえば、日本では車は左側通行、ドアに鍵をかけるとき回す方向も逆。名前を書く順番も、住所を書く順番も逆になります。最悪なのは、数を数えるとき。フランスでは握った手を親指から順に1、2、3と開いていきますが、日本では反対に、開いた手を親指から順に折って数えていきます。アルファベットのABCを覚えるときに、日本人はZから始めるのではないだろうか、そう考えたくもなるくらいですが、さすがにそれはないですね。

　実際のところ、日本人はフランス人についてどう思っているのでしょう。当然、フランス人はなんでも逆だと思っているにちがいありません。その証拠に日本人はなんと言っているか。フランス人は右側運転、ドアの施錠も逆、住所も逆、指を開いて数を数えるし……もうおわかりですね。フランス語の古いことわざも言っているように、「誰もが自分の家の戸口で正午を知る chacun voit midi à sa porte」、言い換えれば、誰もが自分の視点からしか物事を捉えられないのです。

　この表現の起源は、まだ日時計で時をはかっていた時代まで遡ります。当時、人々はそれぞれ自分の家の戸口の上部に日時計を掲げ、その影で時を読んでいましたが、各家の日時計が同じ瞬間に同じ時刻を示していたとはかぎりませんでした。それで思い出したのは、「時計回りに回る」という表現。日本でもフランスでも使う表現ですが、どちらの時計の針も同じ方向に回っていますように！

フランス語っぽい日々⑯

Un petit air de français au jour le jour

juillet 2014

妻の妹のメラニーさんがはるばる
フランスから来日した夜

ピロ〜ン ポ〜ン

来たっ

ダダダダダダ

Oh!
オー！

Il a grandi!
大きくなったね！

ささ、
こちら
へ

Comme il est mignon!
Tu n'es plus un bébé

かわいい！もう
赤ちゃんじゃないね！

Tu n'es pas
fatiguée?
つかれてない？

Non, ça va
だいじょうぶ

あ

しまった！ビズ
（キスの挨拶）
するのを忘れた！

夕食時　まだビズしてない

気を悪く
されてるのでは

夕食後　どうしよう
完全にタイミング
失った

翌朝

昨日メラニーと
ビズした？

もちろん

俺まだしてないん
だけど

それは
はずかしい
ことです

いつすれば
いいの？

朝起きた時に
すればいいのです

起きぬけで目ヤニが
出てて顔が汚なかったら？

顔を洗ってから
すればいいのです

顔を洗う前に廊下でばったり
会ってしまったら？

その時はその汚い顔
のままして下さい

38

謹んでごあいさつ申し上げます
Salutations distinguées

　日本に来てからというもの、あいさつに悩まされます。フランスではことはシンプル。朝、誰かに会ったら「ボンジュール Bonjour !」、別れる時には「さようなら Au revoir !」あるいは「よい一日（の終わり）を Bonne fin de journée !」。昼ならば、やはり会えば「ボンジュール Bonjour !」、別れの際は「さようなら Au revoir !」または「よい午後を Bon après-midi !」。日が暮れてからは、会えば「ボンソワール Bonsoir !」、別れる際は「さようなら Au revoir !」、「よい夕べ（の終わり）を Bonne fin de soirée !」、あるいは「おやすみなさい Bonne nuit !」。まったく筋が通っています。もっとシンプルなのもありますよ。近しい人に会ったら、それが何時であろうと「サリュ Salut !」、別れる時もそれが何時であろうと同じく「サリュ Salut !」

　いっぽう、日本ではどうも複雑で、わたしは絶えず間違えをおかしては、すぐに「とんでもないことをしてしまったな」と気づく始末。一見簡単そうなのに――。朝なら「おはようございます」。でもそれは何時まで言えるのか？ 10 時ごろ誰かに会って「おはようございます」と言おうものなら、相手の日本人は「こんにちは」と返してくる、なんてことは実際めずらしいことではありません。そこで、翌日 10 時に誰かと会ったら「こんにちは」と言ってみます。すると今度は「おはようございます」と返されます。午後、あるいは日が暮れるころには何と言ったら？ 息子を保育園に迎えにいく 18 時 15 分、日本のママたち、パパたちに会う時間には？ 同じ状況でフランスでは何と言うかを愚直に置き換えて、「こんばんは」と言ってみる。さて彼らはどう答えるか。なんと「こんにちは」！ そこで「こんにちは」と言ってみると、誰かひとりくらいは「こんばんは」と返してくる。保育園ではたらく人たちはそもそもまったく参考になりません。だって、息子を迎えに行くと、彼女たちは満面の笑顔でつねに「お帰りなさい！」と言うのですから。

フランス語っぽい日々⑰

Un petit
air de
français
au jour
le jour

août 2014

タヒチのサロン・ド・リーヴルに参加してきました

会場からホテルに戻る車の中で

フランス語とタヒチ語をチャンポンにしたローカルラジオ番組が流れていた

Bon après-midi

Mauruuru
マルルー

どうやらクイズ番組らしくMCが賞金額を連呼していた

1200 francs

1200 francs

980 francs

980 francs

なんか耳に残るなあ…

ああ

この発音は!!

それは私が9年前にパリの日系スーパーで働いていた時の上司、アンリさんのフランス語にそっくりの発音だった

マダガスカル出身

Rの発音が日本語の「ラリルレロ」に聞こえる親しみのある響き…

例) quatre-vingts

カトロヴァン

カタカナそのまんま

しかしそれはフランス人には奇異に聞こえるようだった

彼のフランス語はきれいじゃないね

うるせー!

←仏人同僚

そんな当時のあれこれを一瞬で思い出し私は車の中で一人興奮していた

アンリさんのフランス語だぁー

わーっアンリさんの

ちなみに妻のタヒチのフランス語に対する印象は

みんな最初っからTuを使う
テュ

だそうです

海外県のフランス語
Le français d'outre-mer

　歌手のダニエル・バラヴォワーヌは、フランス語はよく響く言語だと言いました。その通り。フランス語は遠くまで響く言語、カナダや太平洋のど真ん中、ニューカレドニア、マルキーズ諸島やタヒチにまで響き渡る言語なのですから。海外県のフランス語に接する機会があると、愕然とすることがしばしばあります。

　ラジオ・カナダで時評を担当するわたしが接する人たちは、独自の美しい表現も編み出す見事なフランス語を操るのですが、彼らのなまりやイントネーションに思わず不意を打たれ、つまり、笑いそうになってしまうことがあるのです。ケベックのフランス語話者たちは、かなり独特な話し方をします。具体的に説明するのは難しいですが、主な特徴のひとつに、巻き舌のRがあります。半分Rのような半分Lのような発音で、日本人のそれと少し似ています。

　夫とともに招待されたタヒチのサロン・ド・リーヴル（ブックフェア）に訪れたときのこと。タヒチのフランス語話者たちもまた、この巻き舌のR——ちょっとやそっとじゃない巻き舌！——を使うことを知り、驚いたのなんの。さらに彼らにはフランス語と現地の言葉を頻繁にしかも絶妙に混ぜ合わせる、一風変わった癖があります。結果、本土のフランス人であるわたしには、彼らの言うことの半分しか理解ができません。

　旅先であれ、フランス国内であれ、その土地によって多少なりともなまりはあるもの。よく言われるのはマルセイユ、トゥールーズ、そしてエクサンプロヴァンスのなまり。パリジャンだって「粘ついた」フランス語を話すと言われています。わたしはといえば、ブルゴーニュ出身、厳密にはヨンヌ県の生まれです。さて、みなさんごぞんじでしょうか。お隣のソーヌ・エ・ロワーヌ県の人たちにもある変わった特徴があるんです。それは、なんと巻き舌のRです！

フランス語っぽい日々⑱

Un petit
air de
français
au jour
le jour

septembre 2014

知り合いの日仏夫婦からの子育てアドバイス

親は子どもに自分の母国語で話しかけた方が良いよ

チャンポンは良くない

というわけで 我が家では息子に対して私は日本語で妻はフランス語で話すようにしている

結果として日本語と仏語の短くて言いやすい方の単語を本人なりに採用して使っている様子である

河馬

ぞう!
象
éléphantとは言わない

たん!
train
電車とは言わない

いちお!
苺
fraiseと言わず

あば!
hippopotame
と言わず

短さで日本語圧勝

すべての物に2つずつ名前があるわけだから お前も大変だなあ

ある朝

ポー

ポッポ

ぴじょん!

ぴじょん!

Oui
C'est un
pigeon
そうね
ハトさんね

ダダダダ

とい!(鳥)!

とい!(鳥)!

なんと!

母親には仏語父親には日本語という使い分けを始めたのだった

とい!

ウム
そうか

鳥だな

とい!

とい!

え?

とい!
とい!

なぜ父親の口の中に向かって言うのだ

42

息子よ、バイリンガルになれ
Tu seras bilingue, mon fils

　いやはや、ほどなく2歳にならんとするわが息子は、保育園のお友だちに比べると、どうやらことばが遅いようです。先生、これは深刻な問題でしょうか？ 子どもの言語発達に関して数々の著書を持つ、カナダ・オタワ大学の高名な言語学者クリストファー・フェネル教授なら、おそらく「ノン」と答えることでしょう。うちの息子はバイリンガルの環境にあります。母親はフランス人で、父親は日本人。その場合、1つの言語環境で育った子どもが生後17か月でことばを識別し始めるのに対し、およそ20か月かかるのだそう。しかし、これは「遅れ」ではありません。バイリンガルの子どもは、ボキャブラリーの蓄積に、より多くの時間が必要なのです。ひとつの対象について2つの単語を覚えなければならず、それだけ蓄積の幅は広くなります。フェネル教授は言います、「バイリンガルの子どものボキャブラリーは、両方の言語を考慮に入れるならば、単一言語の環境で育った子どもより多い」と。これを聞くとほっとします。

　フランスでは、20パーセント以上の子どもが国籍の違うカップルのあいだで生まれます。およそ3パーセントである日本と比べるとかなりの割合です。もう一人の研究者、『バイリンガルの子どもたちの挑戦』の著者バルバラ・ボエールによれば、90年代の終わりまで、フランスでは、早くからバイリンガルになることは幼児の言語発達を妨げると考える人が多かったのだとか。しかし、それはまちがい。ボエール氏によれば、子どもは2つ目の言語に出会うのが早ければ早いほど、その習得は早くなる。でも注意が必要！幼年期のあいだ継続して使わなければ、忘れるのもそれだけ早いということ。だから、わたしは息子につねにフランス語で話しつづけなければならない。そう毎日のように自分に言い聞かせなければ、息子は日本語しか話せなくなってしまいます！

フランス語っぽい日々⑲

Un petit
air de
français
au jour
le jour

octobre 2014

実はエッセイの依頼が来て月末までに800字の文章を書かなきゃいけないんだ

テーマは"素顔のパリジェンヌ"

パリジェンヌっていうと ほとんどお尻の見えているローライズのジーンズをはいて

バイーン

バイーン

サンミッシェル通りを ヴェリブで爆走している女の子たちのことでしょ？

恋に大いそし♡

シュゴー

全然違いますネ！

え？ ソルボンヌ界隈にいっぱい いるじゃん パリジェンヌ

あれは地方から出てきたばかりの学生です

じゃあ僕の知り合いの 鈴木さんは？ パリ在住15年だよ

夫はフランス人だし

彼女はパリジェンヌではなく日本人です

ええっ?! パリに住んでる女は全員パリジェンヌだと思ってたんだけど

違います
ネ

厳しい…

そんな折 来日中のソフィーさん (41) に会った

パリに行くといつも会うおしゃれな編集者さん。
既婚。
二人の子持ち。
エレガントな物腰…

これだ！

あなたはパリジェンヌですよね？

…

私はベルギー人です

ズコッ

やはり 私の知り合いにパリジェンヌはいなかった！

44

東京の（えせ）パリジェンヌ
Une (fausse) Parisienne à Tokyo

　東京にはかれこれ15年ほど暮らしていますが、いまだにパリジェンヌですか？と聞かれることがあります。パリジェンヌとは、パリ在住ということか、パリ出身だということか、パリ生まれということか……はたまた、パリっぽい雰囲気をかもしだしているということか？ほとんど哲学的ともいえるこの質問の答えは、人によってさまざまです。わたしにとってパリジェンヌとは、パリに生まれてパリで暮らす（あるいは暮らした）人、または若くしてパリに移り住み、そこで長く生活している人。真のパリジェンヌとは、トップモデルのイネス・ド・ラ・フレサンジュのような人のこと。数年前なら、わたしもこのパリジェンヌに分類されたのかもしれませんが、もう当てはまりません。

　ではわたしは「東京人トーキョイット tokyoïte」なのでしょうか（ちなみにトーキエンヌとかトーキョイエンヌとは言いません）。いやちがいます。というのも、東京人であるには、まず日本人でなければならないと思うから。ならばわたしはいったい何者？これに答えるには、自分の出身地や家系について過去にまで遡らなければなりません。わたしはブルギニョンヌ（ワインで知られるブルゴーニュ地方の人間）です。さらに言えばヨンヌ県の出身なのでイコネーズ（ヨンヌとなんのつながりがあるのかわからないかもしれませんが、そう呼ぶのです）。アヴァロンという小さな町で生まれたので、アヴァロネーズだという人もいるでしょう。わたしの例一つとっても、どの土地、どの地方、どの町の人間か、その呼び名はややこしい。外国人に説明するのはたいへんなんです。というわけで、日本人にパリジェンヌかと聞かれれば、たしかにパリにはかなり長く暮らしていたのでとりあえず「ウィ」と答えます。すると、聞いてきた相手は男性であろうが女性であろうが、たいていの場合いつも満面の笑顔でこう返してきます——「だと思いましたよ。あなたのファッションスタイルや立ち居ふるまいからすぐにわかりました」

フランス語っぽい日々 ⑳

Un petit air de français au jour le jour

novembre 2014

フランスの政治にはとんと疎い私ですがフランス人の妻を通してしばしばその片鱗を垣間見る時があります

ボカ ボカ

ブッフォ ヘッヘッヘ

何笑ってるの?

オランドの政策を批判し続けていた経済相と文化相が実はつきあっていたことがスクープされました

は?

フランスの内閣って大臣同士でデキてるの?

FILIPPETTI MONTEBOURG

まあそういうことデスネ

それって日本だったら石破茂と高市早苗がつきあってるようなもんでしょ?

ありえんわ!

オランド大統領といえばエリゼ宮を抜け出してスクーターで不倫相手の女優のもとに通う姿をパパラッチされたことも記憶に新しい

ブィーーーン

日本だったら安倍首相が夜な夜な首相官邸から石田ゆり子の自宅へスクーターで通ってるようなものだ

ビィーーーン

考えられんわ!

不倫がバレたオランドは事実婚パートナーのヴァレリーと別れ

ヴァレリーはエリゼ宮での修羅場を描いた暴露本を出版

散らばった睡眠薬を飲んで昏倒するシーン

さらに閣僚の中にはオランドとの間に4人の子をもうけたセゴレーヌがいるというややこしさ…

ヴァレリー ジュリー(女優)

↑ セゴレーヌ
田中眞紀子を美人にした感じ

内閣というよりはハムスターの群れではないか

権力者の下半身に生活を左右される庶民はたまらんで

私生活なんてよく言うよ！
Vie privée, tu parles !

　日本でジャーナリストとなって10年、日本の政治や政治家についてこれまでずいぶん記事を書いてきました。ところが、この国の議員や閣僚の妻たちについて書く必要に迫られることはただの一度もありません。議員や大臣の夫たちについても同様です。それとは対照的に、フランスで海外メディアの特派員をしているわたしと同じような境遇のジャーナリストたちは、大統領や他の大臣たちの夫婦関係について書かねばなりません。一見プライベートな事象だと思われることが、いまやフランスという国の行方にも深く関わっているからです。嘆かわしいことですが、そうなんです。結果、様々な角度から書かれる膨大な記事にネタを提供しています。

　例を挙げましょう。「オランド大統領、ある女優との浮気を告白。パートナーのヴァレリー（彼らは婚姻関係にはなかったので妻ではありません）をエリゼ宮から追い出す」「ヴァレリー、暴露本を出版し、大統領に報復」「閣僚の二人がベッドを共にし、内閣崩壊」……。つづいて、「いつから、また誰のせいで、フランスの政治家たちの私生活が公に晒されることになったのか？」など、こんな事態になった理由について、記事はいくらでも書くことができます。また「かつては節度があった。今日それは失われてしまった。なぜなのか？」といったメディアの責任をあげつらうこともできるでしょう。さらに、「もはや政治に興味ナシ。関心があるのは政治家たちのどうでもいい話だけだ」などと市民を槍玉にあげることも可能。そして国の外から見れば「こんな凋落した状況にあってはフランス経済がここまで壊滅的状況にあることもなんら不思議はない」と激しく批判せずにいられるでしょうか。今度は国外のジャーナリストたちが大喜びでネタにする、というわけです、きっと。

フランス語っぽい日々 ㉑

Un petit
air de
français
au jour
le jour

décembre 2014

フランス人の妻の里帰りで
渡仏しました

今回は私の両親も同行

パリのルーヴル美術館のそばの
レストランに 入った時

なんか緊張
するわ〜

ギャルソン 4人中、3人が
バーブ ドゥ トワジュールを
生やしていますネ

barbe de 3jours とは
3日間 伸ばした髭という
意味でフランス人男性に多く
見られる

本当に増えましたネ

こっちでイケメンになるには
欠かせないアイテムのようだね

日本ではアイドルやトレンド俳優が
ツルンとした肌をしているのに比べると
美男子のイメージが対照的だ

キムタク　　　向井理

ブルゴーニュの街を歩いていると

きれいな
とこやねー

街頭広告のポスターにも

KARL

イケメン

パリに戻るTGVに乗った時には

乗り
込めー！

ひぃ〜

車内雑誌の広告にも

イケメン→

パリのアパルトマンでテレビを見ていると
ニュースキャスターまでbarbe de 3jours だった

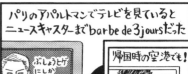

ぶしょうヒゲ
にしか
見えない

帰国時の空港でも！

どんだけ
ー？

48

フランスの新ヒゲ男子
Les néo-barbus de France

　冬暖かいからなのか、夏に剃るのが面倒だからなのか、最近は季節を問わず、フランスの若い男性たちはみなヒゲを伸ばしています。つい最近フランスに滞在したときも、カフェの店員、学生、ビジネスマン、ニュース番組のキャスター、広告のモデルたちも、みなヒゲ男子ばかりなことがどうも気になり、ほとんどショックを受けたと言っていいくらい。はっきりさせておきたいのですが、わたしは原理原則にうるさい、退屈な小言おばさんというわけではありません。1週間ほど伸ばしたヒゲがよく似合う男性もいると思います。夫が数日ヒゲを剃らずにいても別に嫌な顔はしませんし、むしろステキだと思います（でも、もし口ヒゲだけ伸ばしたり、モサモサのあごひげをたくわえたとしたら、激しく抗議することでしょう）。

　ここでいま話題にしているフランスの若者たちも、ぼさぼさの無精髭を生やしているわけではなく、「イタリア式」（短くて清潔感がある）に手入れされたヒゲだったり、見事にカットしてコームで整えたヒゲだったりするのですが、あまりにみんながみんな同じなのを見ていると、なんだか悲しくなってきます。じゃあ、どうして？　むろん、流行りだからです。売上が落ち込んだヒゲ剃りメーカーは大打撃を受け、すっかり時代遅れだった床屋はとたんに若い客層を取り戻して大喜びです。日本では脱毛したかのようなツルツルでヒゲのない男性の顔ばかり見慣れているので、つい驚いてしまうのですが、もうヒゲの美学に慣れきって気にも留めないフランスの友人たちは、驚くわたしにむしろ驚いていました。ともあれ、この流行りは誰にでも似合うわけではないし、もう少し冷静になってよ、と思います。たとえ男性誌が「女性は10日ほど伸ばしたヒゲの男性に色気を感じる」なんて書き立てても、そんな判断基準は誰の顔にも当てはまるわけではない、と気づくべきです。

フランス語っぽい日々 ㉒

Un petit
air de
français
au jour
le jour

janvier 2015

フランス語では「友人」を指す時も「恋人」を指す時も同じ「ami」という言葉を使う

すごく不便

私は 語学学校では
un ami, une amie,
des amis, des amies
　　　　ならば友人
mon ami, mon amie ならば恋人

と教わった

ややこしい！

ところがフランス人の妻が言うことにはモナミで友人の意味にもなると言う

何ソレ？

わかりにくっ

何故「友達」「彼氏」のように明確に別々の単語にしないんだ！

わかりにく

イエイエ そんなことはありませんよ

フランス人はその場の状況や言い方でどちらの意味かわかってるんですよ

C'est mon amie

恋人

C'est mon amie

離れてる

友人

C'est mon amie
C'est mon amie

複数を紹介

友人

番外編　C'est mon ami

恋人

彼らはゲイのカップル

どうですか？

・・・

友達のふりして実は狙ってて なし崩しにヤリたい。逆に めんどくさい恋人は勝手に友人扱いに格下げしたい

amiはそんなフランス人の下心から生まれたのではないでしょうか？

全然違います

またフランス人ハムスター説ですか？

もういいですその話は

ただの女友だち？それとも恋人？
Copine = simple amie ou chérie

　「少なくとも日本語でははっきりしている。ある女の子が〈彼氏〉と言えば、それは単なる男友だちではなく、それ以上、つまり、彼女が交際中の特別な存在だということ。でもフランス語では、そこがちっともわからないじゃないか！」日本人の夫はこう言ってしょっちゅうイラついています。たしかに彼の言う通り。フランス人の若い子たちが話しているのを聞くと、それが単なる友だちのことなのか、それとももっと艶っぽい関係にある相手のことなのか、その差を示すニュアンスを読みとるには、フランス人になるしかありません。実のところ、友人を示す copain, copine, ami, amie の使い方は、近年ますます複雑化していて、フランス人にとっても理解が難しくなっています。では詳しく見てみましょう。事は微妙ですが、たいへん重要。

　もし、ある女の子が《mon copain Pierre わたしの友人ピエール》を紹介します、と言ったら、ピエールはおそらく大勢いる友だちの一人でありそれ以上ではありません。でもご注意あれ。もし彼女が《mon copain, Pierre》を紹介します、と「わたしの友人」と「ピエール」のあいだに読点をつけて、間を置いて言ったとしたら、突如ピエールはたったひとりの彼女の恋人、ということ。カンマとイントネーションで意味が変わってしまうのです。はいはい、おっしゃりたいことはわかります。これは極端で見分けがつきにくい例でしたね。では、似たようなので、もっとわかりやすい例を。あなたがフランス人をパーティに招待したとします。彼が《mon amie》あるいは《ma copine》を連れて行く、と所有を表す〈mon〉〈ma〉を付けて言ったなら、間違いなくそれはパートナー。もし《une amie》あるいは《une copine》と不定冠詞〈une〉をつけたなら、二人の間にあるのは恋愛関係ではなく単なる友情でしょう。かつては「プチタミ petit(e) ami(e)」とか「モンシェリ mon chéri」「マシェリ ma chérie」など、恋人を示すもっとわかりやすいおきまりの言い方をしたもの。今ほど謎めいてはいませんでした。

フランス語っぽい日々 ㉓

Un petit air de français au jour le jour.

février 2015

フランスのカレンダーを見ると すべての日に キリスト教の 聖人の名前が記されている

3	V	Thomas
4	S	Florent
5	D	Antoine
6	L	Mariette
7	M	Raoul

フランス人の名前はこの聖人の 名前からとられることがほとんど。 例えば ミッシェル、マリー など すべて元々は 聖人の名前です

12	D	Olivier
13	L	Henri,Joël
14	M	FÊTE NAT.
15	M	Donald

でも 革命記念日である 7月14日は カレンダーに聖人の名前はなく 「祭日」という意味の Fête nationale を略して 「Fête nat.」と書いてあります

先日フランス人の友人トマに 再会した 時のこと

知ってる こんな話?

アフリカの国である時 子供が産まれて名前 をつけることになってさ

親がカレンダーを見て 聖人の名前だと 勘違いしてなんと…

フェットナットという 名前をつけて しまったんだよ！

バーン

悲惨だろ？

祭日という名の 赤ちゃんだよ？

聖日、仕事の打ち合わせ でフランス人のフランス語 教師と会った

打ち合わせが小1時間過ぎたころ

西さん 知ってますか？

アフリカ ではね

え？

カレンダー に書いて ある通りに フェットナット という名前に なってしまった人が いるんですよ！

傑作でしょ？

フランスでは フェットナットは 鉄板ネタの小話のようです 皆さんも心しておいて下さい

聖ヴァランタンとその仲間たち
Saint Valentin et les autres

　2月と言えば、食いしん坊たちにとっては何と言っても「ヴァレンタインデー」。フランスでは「ヴァレンタインデー」ではなく、「聖ヴァランタン（聖バレンタイン）Saint Valentin」と言って、女子が男子にチョコレートを贈るのではなく、男性が女性に花を贈ります。そもそも、なぜ「聖ヴァランタン」は2月14日なのでしょう。フランス（やその他の土地）では、日々誰かしら聖人を祝っていますが、他の聖人たちについてもどんな謂れがあるのでしょうか。

　フランスのカレンダーを見ると、そこには吉日（大安）や凶日（仏滅）、その中間（友引など）といった記述はなく、代わりに聖人の名前が記されています。カトリックでは善き行いを遂げて聖人または聖女となった人物には、ある1日が捧げられ、暦に刻まれます。聖人の名を持つ人は、自分と同じ名の聖人の日を祝ったりします。たとえばわたしの場合、聖女カリーナの日で11月7日。

　子どもが誕生すると、名前の付け方でいちばんよくあるのは聖人カレンダーから選ぶというもの。一般に広く受け入れられた慣例的な名を見つけることができます。もちろん、子どもが生まれた日の聖人の名を選ぶ必要はありません。それでいくと、わたしだってジルベルトになるところでした！

　決まった日に祝われるこうした聖人たちには、さらに興味深い点があります。それは、各聖人がそれぞれに特性を持っていること（日本の神社仏閣の聖像もそうであるように）。聖ヴァランタンは「愛の守護聖人」とされています。聖人たちに由来する数々のことわざもあります――「聖メダールの日（6月8日）に雨が降ると、40日後も雨が降る」とか「聖ヴァランタンの日は、すべての風は海風だ」といったように。

フランス語っぽい日々 ㉔

Un petit air de français au jour le jour

mars 2015

今日は寒いのでジレを着せましょう

ジレ…?

チョッキのことをフランス語ではジレと言うのか

その後 男性ファッション誌がジレという呼称を使っているのを発見した

おおー！

ジレで好感度UP!

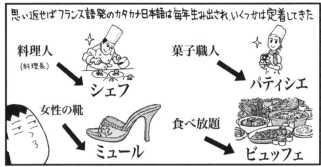

思い返せばフランス語発のカタカナ日本語は毎年生み出され、いくつかは定着してきた

料理人（料理長） → シェフ

菓子職人 → パティシエ

女性の靴 → ミュール

食べ放題 → ビュッフェ

でもフランス語本来の意味から微妙にズレて混乱が起きることもしばしばである

シャンパン買ってきたよ

それはシャンパーニュではありません。スパークリングワインです

違うの？

シャンパーニュの名称を使えるのはシャンパーニュ地方で生産され特定の製法で造られたものだけです

えーっ!?

つまりシャンパーニュとは国際的に保護されたブランドなのです

固有名詞だったのか「輪島塗り」みたいな

なるほど。シャンパーニュ地方で造ったものがシャンパンってことか…

シャンパーニュです

シャンパンでしょ

え？

え？

日本語表記は現在不安定である

最悪の事態を表すことば
Les mots pour dire le pire

　あらゆる作家や物書きが、次のように言うのを耳にしたことがあるでしょう——「テーマが自ずと立ち現れ、それを書かずには入られないのだ」と。日本では 2011 年 3 月 11 日以降がまさにそうでした。そこから解放されるため、自らを慰めるため、何かの役に立っていると実感するために、わたしたちは津波について、原発事故について、あの人災について書き、自分は無関心ではないのだという確信を持つ必要がありました。今日では、今年[2015 年現在]初めにフランスを血で染めたあの同時テロ事件や、続いて起きた、日本じゅうを悲しみに沈めたあの人質事件が、それにあたるでしょう。

　〈テロ terrorisme〉という単語は日本でもフランスでも、多くの新聞の一面を飾りました。テロリズムを表すのに、日本語ではテロという略称しかありません。日本語の単語がつくられなかったのだとしたら、それは、もともと日本には「ある政治目的のために、計画的に暴力を行使すること」（ロベール辞典による定義）などありえなかったということなのでしょうか。そうなのかもしれないし、だとしたら喜ぶべきことですが、テロの脅威のない時代は、もう望むべくもありません。ところで、テロリズムの第一義「暴力で威嚇すること、テロル（恐怖）をほのめかすもの」を日本人ははたして理解しているのでしょうか。この語源を念頭におけば、「テロ」という語が担っているものの重さや、そこにのめり込む者たちの狙いをより理解することができます。また別の単語も思い浮かびます。それは、〈クーデター coup d'État〉（国家への一撃、政変）。フランス語から借りてきた語がそのまま使われているということ自体、日本の政治のあり方を表すよう暗示的です。言語のうえでも歴史のうえでも日本にはそれに当たるものがないとでも言うように、日本の新聞は事が起これば事カタカナで「クーデター」と書くのです。

「ユーモアは国境を越えるか」

2014年4月～2015年3月

この年に東京都知事になった舛添要一氏がフランス通だということは、おふたりともごぞんじだったのですか?

　　ぜんぜん知りませんでした。フランス語が話せるということも、都知事になって初めて知りました(第13話)。東京にオリンピックが招致されることが決まって間もなかったので、語学が堪能で、オリンピックの公用語でもあるフランス語の出来る都知事でよかったなと素直に思いました。

　　私も政治学者という肩書きでテレビに出ている人というくらいの認識で、かつてフランス人と結婚していたこととか、漫画にも描いたように『6か国語勉強法』を著し、フランス語以外にも語学堪能であることは都知事になってから知りました。この本の存在を知ったときは、「これだ!」と思ったのですが、就任直後で古書の値段も急激に上がってしまっていました。いまだったら、買えるかもしれませんね(笑)。舛添氏が『ふらんす』でフランス政治について連載していたこともあったと聞いて驚きました。

2015年1月には、フランスを揺るがすような悲惨な事件が起きましたね。

　　この年で一番印象的だったのは、なんといってもシャルリ・エブド事件です。長男を寝かしつけていたとき、夫が外出先から「キャビュ、キャビュ!」と叫びながら帰ってきました。シャルリ・エブド紙の編集部が原理主義のテロリストたちに襲撃された際、そこに居合わせて殺害されてしまった著名な風刺漫画家ジャン・キャビュのことです。彼の描く風刺画はかなり際どいですが、そこには独特のユーモアがあります。ただ、フランスの歴史や文化がよくわかっていないと、単なる否定・中傷にしかとれず、面白さはなかなかわからないと思います。実際、いくら説明を試みても、わかってもらうのはほんとうにむずかしかったです。ユーモアは国境を超えない表現であるということが、改めてよくわかった出来事でした。シャルリ・エブド事件については、フランス人以外の人に対して、今でもうまく説明することができないでいます。

　　第24話を書いたのがちょうど1月のことだったんですが、漫画家のキャビュがテロの犠牲になったことはショックがあまりに大きく、この出来事を直接すぐには漫画で描くことはできませんでした。

フランス語っぽい日々 ㉕

Un petit air de français au jour le jour

avril 2015

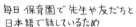

フランス語と日本語の話しことば
Le français et le japonais parlés

　留学して現地でフランス語を学ぶ人はみな、それまでまったく聞いたことのなかったフランス語の話しことばに直面することと思います。それもそのはず、フランス人は友人や家族と話すとき、またときには職場ででも、言葉を都合よく端折っては、通常の文法をかなりゆがめてしまいます。

　実をいうと、わたしも日本語で同じような経験があります。世界で5番目に難しいと言われるこの言語（これには慰められます！）を、わたしは学校に通わずして身につけたのですが、文法的に怪しい口語表現を聞いてすっかりお手上げになってしまい、苦労して勉強したあの年月はなんだったのか、と疑問に思わずにはいられなかったことが何度もありました。たしかに、わたしの日本語の先生は日本経済新聞でしたから、結果、ときとして仰天ものの状況に置かれることにもなりました。日本語初級者なら誰でも知っている基本単語を知らなかったりする一方で、「赤外線」や「原子力発電所」などの言葉は使いこなせるのです。なぜなら、毎日のように日経新聞に載っている用語だから。あんなとっつきにくい新聞でどう勉強していたのかと問う人もいるでしょう。わたしは毎日、記事を1つか2つ選んで、初歩的な文法の知識と漢字の電子辞書を頼りに読解に取り組み、最後には記事を暗記するところまでいったのです。そしていくつか練習問題をやってみたり、ビジネス日本語辞典をめくってみたりして勉強を補完しました。というわけで、わたしの日本語力では日経新聞は読めるのに（自分の仕事にはとても有用です）、〈un balais〉（箒）は日本語でなんというのか知らなかったりするのです。

　でもみなさんご安心あれ、こんな欠陥だらけの日本語ではありますが、わたしは気に入った男性をデートに誘う言葉を見つけられたし、いつまでたってもフランス語を学ぼうとしない、その日本人男性の妻にもなれました。

フランス語っぽい日々 26

Un petit
air de
français
au jour
le jour

mai 2015

正しく発音すること、この無謀な企て
Bien prononcer, une gageure

　わたしたちの息子は日仏ハーフで現在2歳半。ようやく日本語が話せるようになってきました。息子と同い年の子どもたちもみな、だいたいそんなところでしょう。でも、うちの息子にはひとつ弱点があります。彼は「かきくけこ」と「がぎぐげご」がうまく言えず、「たちつてと」「だぢづでど」になってしまうのです。違いをわからせようと、息子の前で口の動きをやってみせるのですが、問題は、「か」や「が」が「喉音」だということ、つまり、/k/ や /g/ の音を出しているのが口や舌ではなく、文字通り喉だということです。息子がいくらわたしの言うとおりにしたいと思っても、どう発音されているのかわたしの喉の奥まで見に来るなんてムリ。唯一の方法は、聞いているうちに正しく真似できるよう、何度でも息子に繰り返し発音しつづけることぐらい。ある程度の年齢になってからことばを覚える大人に比べたら、子どもはずっと真似が上手。この点は、わたしも身をもって知っています。

　日本人がフランス語を発音することは、ある種無謀ともいえる場合もあります。《un vent marin de bon matin 早朝の海風》《un bon vin blanc おいしい白ワイン》など、いわゆる鼻母音の含まれた文も、日本人にとってはとりわけ発音の難易度の高いもの。ほかにも、日本の友人たちがよく難しいと話題にするのが、〈blanc〉や〈tribut〉など、最後の子音を発音しないケース。〈tribut 貢ぎ物〉と〈tribu 部族〉は同じ発音でも意味はまったく違います。また最後の子音は読まないという規則も、常にそうとはかぎらない場合があります。単数と複数とで変わることもあるのです。たとえば「肉牛」——〈un bœuf〉と単数では〈f〉は読むのに、〈des bœufs〉と複数になると〈f〉は読みません。「卵」も同様。単数〈œuf〉の〈f〉は読むけれど、複数〈œufs〉の〈f〉は読みません。でも、この規則、フランス人の中にもけっこう知らない人は多いので、あまりご心配なく。

フランス語っぽい日々 ㉗

Un petit
air de
français
au jour
le jour

juin 2015

昨年東京都議会での「セクハラ・ヤジ問題」がニュースになりました

進めないのか？

結婚しろ！

フランスではこれは性差別発言ですがセクシュアル・ハラスメントとは呼びませんね

日本の「セクハラ」の使い方はフランスと違いますね

確かにフランスに行くと男はナンパはするし女に会えば「髪型変えた？きれいだね」などと容姿について軽口をたたくし 女の方も いい歳した おばちゃんでも服装はどこかセクシーで現役感を漂わせている

日本とはだいぶ土壌が違うよな

例えば上司が部下の女性に「新しいワンピース似合ってるね」と言うのはフランスだとOKですが日本だとセクハラだ！と言われたりしますよね

残念だよ本当にさみしい

またハラスメントは フランス語では

harcèlement （アルセルモン）といって「執拗な攻撃」という意味です

繰り返し何度もやっているかという点も判断のポイントになります

じゃあ僕のかつてのバイト先でマネージャーが社員に言ってたこんなのは？

30過ぎて独身だったらやらせるよな

セクハラです

性行為に結びつくような暴言はセクハラになりますね

じゃあこれは？

きれいな髪だねぇへへへ

セクハラじゃない

おっぱい大きいねぇ

セクハラ

おっぱいはダメなんだ…

長所をほめてるんだから良さそうなものだが…

そのヒップラインたまんないね

さわりたいなあ

ヘッヘッヘ

ヒュー

ヒュー

セクハラ！

「セクハラ」それとも、ほめ言葉？
« Seku hara » ou compliment ?

　日本語の文章を読んでいるときや、日本人の友人と話しているときに、突然「デフォルメ」というフランス語の単語が出てくることがあります。なぜか日本語では、この単語を少し見た目が変形したものを指すのに使います。たとえば、体や顔のイラストで、本来の姿を正確に表していないものをデフォルメされている、と。そのたびに思うのが、日本人は外国語由来の表現の発音や意味もデフォルメするのだということ。たとえば「セクハラ」「マタハラ」「パワハラ」などの場合がそう。たとえ英語だということになってはいても、これらは日本語でも英語でもありません。「ジャパングレ（和製英語）」なのです。「フランポネ（和製仏語）」でもありえます。文字通りにフランス語にしたら、「セクハラ」は「セクシャルハラスメント harcèlement sexuel」、「マタハラ」は「マタニティハラスメント harcèlement maternel」、「パワハラ」は「パワーハラスメント harcèlement de pouvoir」となるのでしょうが、このようには翻訳はできません。だって、フランス語にしたら法的には誤り、事実としては不正確になってしまうのですから。

　日本人のこうした習慣——外国の概念を自らの語彙に取り込んで、その過程でデフォルメし、日本でしか通用しない意味を与えるというこの習慣——は、この国のリアルな社会問題を映す三面記事的事件を報じる外国人ジャーナリストにとっては悩みの種になることも。というのも、日本人が「マタハラ」と呼んでいるものは、マタニティハラスメント（母親たちによる他者に対するハラスメント）ではなく、母親、あるいは将来の母親である妊婦が被害者となるハラスメントのこと。さらに日本では、フランスでなら単なる指摘であって、かならずしも悪く受け取られないものを、たちまちセクハラだとか、パワハラだとか形容しがち。たとえば、もし上司が女性秘書に「そのドレス似合ってるね。魅力的だよ」とでも言ったなら、日本ではとたんに「セクハラ」ということになってしまいます。フランスでなら、ほめ言葉なんですが！

フランス語っぽい日々 28

Un petit air de français au jour le jour

juillet 2015

日本で生まれ 育ちつつある息子(2歳)

ともすれば フランス語に 親しむ 機会が 少なく なりがちです

五月人形の かぶと

そんな息子のために フランス人の母親として 楽しくフランス語を 学べるような工夫を 妻は いろいろと 考えており

最近はフランス語学習アプリを入れた タブレットPCやフランスの童謡が流れる 「歌の絵本」を息子に与え遊ばせている

特に歌の絵本は息子は大好きになり 再生ボタンを何度も押しては歌って 7曲全部歌えるようになりました

おーふぃー れぽん ぺー

Au feu, les pompiers

どれ たまには俺も 一緒に歌ってみよう

すると…

絵本に載っている歌詞を 目で追いながら歌うわけですが

La barbichette

Une poule sur un mur

単語が多かったり突然読めない 単語が出てきたりして

e te tiens, tu me tien
Par la barbichette.

パ〜ラ バ… え?

あっという間に曲のスピードに おいてけぼりにされてしまいます

何単語か 飛ばして ごまかしつつ歌う

そんな時は学生時代に洋楽 ロックバンドの曲を歌えるように なりたくて歌詞カード片手にCDを 何度も再生していた記憶が甦る

息子は歌詞を読むわけでなく耳で 覚えて歌っているので舌足らずながら スラスラと正しい譜割りで歌っている

おくらだ るーぬー もなみ ぺぇおー

おとーしゃんうたえないでしょ!

できないでしょ!

しらないでしょ!

痛快で 仕方が ない 様子

ガーン

ゲームで学ぶこと
Apprentissage ludique

　息子がもうすぐ3歳になります。あと3年のうちに、息子が日本の学校で習う2000あまりの常用漢字を書けるようにしておかなくてはなりません。というのも、大事な大事なわが子が出会うであろう困難を理解できるようになっておくことは、母親としてごく当然のことだから。ゼロから始めるわけではありません。すでに日本語は読めるし、パソコンで文章だって打てます。でも問題は、鉛筆で漢字を完璧に書けるかということ。これまで漢字練習帳を何十冊も買いましたが、いい学習方法にはまったく巡り合えませんでした。ついに泥沼から抜け出せたのは、携帯型ゲーム機の漢字練習アプリのおかげ。すばらしい学習メソッドで、ユーザーを子ども扱いすることもなく、すべての漢字を難易度順に並べてくれているのです。

　わたしはまた、タブレット端末用のアプリを使えば、息子は漢字の学習と同じくらい効率的にフランス語の語彙を学べるのだということに気がつきました。実のところ、子どもに大人用機器を与えて遊ばせることをわたしは好ましく思っていません。でも、親たちを導く補助ツールとして用いるのならば、それも悪くはないと思います。音の出る絵本、各種のパズル、その他のゲームがさまざまな言語で用意されています。とはいえ、大人が子どもの横にいてやることが不可欠です。ゲームの内容を理解できるよう助けてやる必要があるし、とくに、子どもの態度をコントロールしなくてはなりません。なにしろ子どもというのは、ゲームの調子がいい時は上機嫌でも、失敗するとたちまち不機嫌になります。アプリがどれだけよくできていても、子どもがいつむずかるのかが分かるほど賢くはありません。

　最後に1点。こうした子どものためのツールは、外国語学習初心者の大人にとっても、いい学習教材になりえます。いつの日か、わが日本人の夫もそういうツールでフランス語を身につけてくれるかも。そんな希望を捨てていません。どうやらわたしのレッスンだけでは足りないようですから！

août 2015

フランス語っぽい日々 ㉙

Un petit air de français au jour le jour

フランスには セリフ専門の 脚本家 がいるそうです

そんなん いるんか？

dialoguiste（ディアロギスト） といいます

特にミシェル・オディアールは有名です。彼の書いた ダイアローグを目当てに 観客が集まるほどに

へえー！

MICHEL AUDIARD (1920-1985)

そこまで 言うなら そのセリフを 俺も味わってみようではないか

「地下室のメロディ」(1963)

映画を観てみると チンピラ息子と母親が 喧嘩する場面が出てきた

La dernière fois que t'as causé à un pompiste, t'avais même un revolver à la main. On est bien forcé de s'en rappeler !

この前はピストル沙汰だ 忘れもしない

"Erreur de jeunesse", ça s'appelle, justement pour qu'on n'en cause plus !

アラン・ドロン

"若気の至り" というやつさ

こんなやりとりはとても オディアールっぽい

フランス語 わからんけど 勢いがあるのはわかる

日本語字幕は全然 訳してません ネ

ドロンは「そのことで一生追及される ことはないはずだ。だからこそ それは『若い時の過ち』と 呼ばれるんだ」と言ってるんですよ

それだけ まくしたててるのを 「若気の至り」という慣用句で スッキリまとめた字幕はうまいと 思うよ

少ない 文字数 で

でもオディアールのような達人が 手がけた映画はその面白さの 半分が会話にあるんですよ

へえー

字幕でも 充分面白かったけど 本当はもっと面白いのかねえ…

フランス語のセリフの味わいまでは なかなか わからないもんですわ

最後は ジャン・ギャバンの "困り顔"で

セリフの作家、ディアロギスト
Écrivain de paroles = dialoguiste

　ある言語を学ぶということは、その言語を口頭で理解し、それを話せるようになるのはもちろん、その言語で読んだり書いたりできるようになることでもあります。この4つの技能のうち、わたしには読むことと書くことがとくに難しいと思われます。もっとも、人によるのでしょうけれど。わたしは毎日、日本語で書かれた新聞記事をたくさん読みます。べつだん困難ではありません。経済や社会学や歴史の本の場合でも、たいした苦労も感じず読んでいくことができます。それに対し、小説を一読して理解するのは難しい。文体が違うし、用語も違います。フランス語を学習する日本人にとっても事情は同じでしょう。

　それに、日本で人気の小説の何ページかをめくってみると、登場人物たちの会話に割かれている部分があまりに多いことに衝撃を受けます。そうしたフィクションが、出版後にテレビドラマ化されたり、映画化されるのを見ても、べつに驚きません。実際のところ、初めからそのような目的で書かれたのではないかという気さえします。事実、日本人の書き手のなかには、作家というよりも、フランスで言うディアロギスト（セリフ作家）に近い人もいるように見受けられます。

　「ディアロギスト dialoguiste」とはなかなか洒落た言葉で、映画の「セリフ（ダイアローグ）dialogue」を専門に書く人を指します。なかでもとりわけ有名なのがミシェル・オディアールです。30年前に他界しましたが、彼が生み出したセリフの数々は今なお瑞々しく、オディアールのセリフを扱う専門サイトが複数存在するほど。思わず吹き出してしまうような、まさにオディアール節といった対話で、カルト的な人気を博した映画がいくつもあります。それらの名シーンを、丸ごと暗唱できるフランスのシネフィルも珍しくありません。例をひとつ挙げましょう。タイトルはずばり『ハジキを持ったおじさんたち Les tontons flingueurs』。口語フランス語のすばらしいレッスンになります！

フランス語っぽい日々 ㉚

Un petit air de français au jour le jour

septembre 2015

息子が1歳の頃とても舌足らずで発音できない言葉が多かった

「パンダ」

「ぷーた」

そんな息子にも覚えやすく言いやすかったのはこんな言葉たちだ

「ぶーぶ」
「もも」
「まま」
「ぱぱ」

同じ音の繰り返しでできているという点では日本語の擬音語,擬態語も幼児になじみやすいと思う

「モグモグしてね」

「よくカミカミして」

フランス語も幼児向けの言葉がとても豊富だ

bibi
ちゅっちゅ・キス

toutou
わんわん・犬

bobo
いたいいたい・怪我をした時などに使う

妻と息子を見ていてもよく出てくる

On va faire dodo
（寝ましょう）

オッ

dodo /dɔ-do/
睡眠・おねんね

Tu as fait caca
（うんち したね）

ムッ

caca /ka-ka/ うんち
ちなみにおしっこは pipi

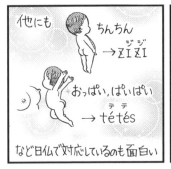

他にも

ちんちん
→ ziZi

おっぱい,ぱいぱい
→ tétés

など日仏で対応しているのも面白い

舌足らずな息子だが自分が好きなジャンルの謹に関しては饒舌だ

「こんくりーとみきさーしゃ！」

KONKURITOMIKISASHA?

「かーきゃりあ！」

あれってコンクリートミキサー車っていうのか 子どもの頃「ぐるんぐるん」って呼んでたな

ウンチ、ねんね、ぐちゃぐちゃ、ぺこぺこ
Caca, dodo, gucha-gucha, peko-peko

　日本語とフランス語ほどかけ離れた言語がほかにあるでしょうか？「ない！」とあなたは言うでしょう。「この２つの言語には共通点がまったく見あたらない」と。ところがどっこい、その断定は誤りです。よく探してみれば、少なくとも１つ共通点があるんです。日本語でもフランス語でも、音を重ねただけの単語がたくさんあり、日本語では一般に擬音語・擬態語（オノマトペ）と呼ばれています。一方、フランス語では俗語、または幼児語に分類されます。ぐるぐる、ぼろぼろ、ぺこぺこ、ぱんぱん、ぐちゃぐちゃといったいろどり豊かな日本語の表現を耳にすると、音素を繰り返すフランス語の単語を思い出さずにいられません。日常的によく使われる例を挙げてみましょう。

　〈dodo　ねんねする〉、〈joujou　おもちゃ〉、〈miam-miam　もぐもぐする〉、〈pépé　おじいちゃん〉、〈mémé　おばあちゃん〉、〈tonton　おじちゃん〉、〈tata　おばちゃん〉、〈nounou　保育ママ〉（ベビーシッターとは異なります）、〈pan-pan　ぺちぺちする〉、〈glouglou　ごくごくする〉、〈coucou　こんにちは〉、さらに〈caca　うんち〉や〈zizi　おちんちん〉……ほかにもまだまだあります。地域ごとにバリエーションもあったりします。日本語の場合ともっとも違う点は、（ほぼ）絶対に、大人向けの文章には出てこないということ。いっぽう、日本語のオノマトペは、新聞記事にも、また子ども向けとは限らない文章の中にだって出てきます。フランス語でのこの種の語は、幼児がかなり早い時期に基本的な欲求を伝えるため（dodo, miam-miam, caca）、周囲の人を呼ぶため（papa, maman, nounou, etc）、何かを示すため（joujou）に話されるもの。こういう話し方が許されるのは、子どもの言語学習の限られた時期だけです。大人がこのような語彙を使いつづければ、もちろん奇異に映ります。そんなわけで、これらの言葉は、やはり日本のオノマトペとは少し異なりますが、ともあれ、外国人にとってはすごく楽しいものでもあることには変わりありません。

フランス語っぽい日々 ③

Un petit
air de
français
au jour
le jour

octobre 2015

モリ　モリ

レストランで大の男がおいしそうに
大きなデザートをほおばっている

フランス・ブルゴーニュ地方へ旅行に行った時
昼休み中と思しきフランス人男性達の
そんな姿を見た私の母は驚いていた

フランスでは
男の人が
あんなにたくさん
甘い物を
食べるんやねえ
・・・

tarte au citron , crème brûlée,
gâteau marbré, pêche melba 等々
ボリュームも甘さも強烈なフランスのデザートたち

フランス人の甘い物の食べっぷりに
日本人はしばしば驚かされますが

何故そんな違いが生まれるのか
私は最近 わかりました

モリ　モリ

3歳児

フランス人の妻が夜な夜な夕食の直後に
アイスクリームを息子に食べさせているのだ

モリ　モリ

幼少時からこんな食習慣を続けている
ならレストランでのあの風景も納得だ

近頃は食後にデザートが出てくる
のを見越して食事がおろそかに
なっているではないか

モリ　モリ

おかずは残してアイスは完食

子供の舌は甘みを好むように
できているから当然のことだ

食後にいつもこんな風に子供に
甘い物を食べさせてはいかん

食後では
ありません

食事の一部
デスカラ

フランス人の妻はこう反論する

しかもアイスは糖質
50%オフのものですヨ

モリ　モリ

私は納得がゆかない

チーズもデザートも！
Fromage et dessert !

　よく言われることですが、フランスと日本は真の食文化を有するという点が共通し、両国の磨き上げられた美食の芸術は世界のあらゆる国の羨望の的。それはおそらく事実でしょう。そして、次のこともまた事実。日本の飲食店はフランス式のメニューから着想を得るのを好み、店名や料理名にフランスっぽい味わいや彩り（いわゆるフランポネ！）をプラスしようとします。

　そんなわけで、ある日本人の友人も、自分のブラッスリーに「ルレ・サクラ Relais Sakura」[relais は中継地・宿駅の意]と名付け、店のコースメニューには本来の意味からズレた、不完全な用語が入り込んでいたりします。たとえば「アミューズ」。フランス人が聞いても意味不明です。元は「アミューズ・ブーシュ amuse-bouhe」（「口を楽しませるもの」の意）で、本格的な食事を始める前に食欲が増すよう、舌や口蓋を刺激するちょっとしたもの、くらいの意味。いうなればアペリティフです。その次に来るのはアントレ（前菜）かオードブル。この、フランス人にもよくわからない「オードブル hors-d'œuvre」という表現、これはなかなかステキですが、どうやら建築用語からの借用語のようです。建築では建物を構成する要素でかならずしもメインではない部分（別棟、離れなど）を指し、言ってみれば「作品外 hors de l'œuvre」のこと。メインはその後に来る「主菜」と呼ばれる一品です。日本のレストランメニューでは、このランチやディナーの頂点というべき瞬間を、突然英語に切り替えて「メインディッシュ」と呼びます（これには、繊細な舌を持つフランスの美食家たちもあっけにとられます）。一般的に、フランス料理ではサラダ（レタスなど）、チーズ、さらにデザートと続きます。デザートは欠かせません。そう、フランスではデザートは立派な食事の一部で、食後の付け足しなんかではないのです。日本人の夫は毎日のように驚いていますが、そういうものなんです。仕上げには、コーヒーあるいは食後酒を。締めにアルコール度数の強いお酒を飲むのは、消化を助けるため（ということに一応なっています……）。

フランス語っぽい日々 ㉜

Un petit
air de
français
au jour
le jour

日本文化に親しむ フランス人に
よく言われること

日本語の
カタカナ語って
何なの？

私自身 フランス人の妻によく
突っ込まれ、日々耐えています

ソフトドリンク？ 何故
日本語にしないのか？

なんか
はずかしい

novembre 2015

先日もこんな事を言ってきました

日本ではいつも
悪い意味の
ことを外国語に
置き換えて
カタカナにして
いるんじゃない
ですか？

セクシュアル・ハラスメントや
ドメスティック・バイオレンス
などが 良い例です

・・・

いや、別に日本人が悪いものを
全て外国語におっかぶせようって
わけじゃないよ

むしろ
逆
ですわ

カタカナ語がどんどん増えるのは おしゃれ、
かわいいといった 良い印象があるからだし

それまで
日本には
なかった
ものへの
名付け

★ パン
★ チョコレート
★ クリスマス
★ ハロウィン

さらに
かわいく
！
ショコラ

知的で仕事ができるというイメージを
醸し出す一面もありますよ

わが党の
アジェンダ
（計画・
政策）は
・・・

その企画は
ペンディング
（中止・
保留）
です

あまりやりすぎると逆効果に

仲間内、身内だけで
知っている言葉を使って
盛り上がることもできるしね

その
ネックレス
サグいね！

超イルだろ？
気合い入れて
ディグったよ

今回指摘しているケースは どぎつい意味を
やわらかく見せる効果を狙ったものだね

ごくつぶし　➡　ニート

つきまとう変質者 ➡ ストーカー

幼児性愛趣味の
ド変態　➡　ロリコン

国民総背番号制度 ➡ マイナンバー

このように 一応 日本人として日本語を擁護しているのだが
実は 私もものすごいスピードでカタカナ語・横文字を
増やしていく昨今の日本語にとまどっているのだ

フェイスブックで
多用される
「シェアします」

有名人が
亡くなると
「R.I.P.」の
文字で埋まる
ツイッター

どんな言葉を使うか
Le choix des mots

　DV、マタハラ、レイプ、ストーカー、フリーター、インサイダー。これらの言葉の共通点は何でしょう？　第一に、見かけによらずごく日常的な日本語の語彙であるということ。第二に、すべて外国語由来であるということ（たいていの場合は英語。フリーターはドイツ語と英語を巧みにミックスしています）。第三に、これらの言葉はどれも醜悪な事柄（夫婦間暴力、マタニティーハラスメント、強姦、不正取引）や、あるいは日本社会での評価が低い人たち（ストーカー、不安定な非正規労働者）を表しているということ。この3つがそろっているのが興味深い点です。実際、まるでこれらを指す言葉が日本語にはなかったかのようです。あるいはどちらかというと、日本社会の良俗からすれば異質とみえる事柄や行動を表すのに、日本語を使いたくなかったかのよう。そんなわけで意図的か否かはともかく、外来語が用いられています。そこから透けて見えるのは、こうした行為は外国から輸入されたものであって、もともと日本にはなかったのだとする考えです。もちろん、すべての悪しき行ないや悪しき人物が外国の単語で表現されていると言うのは正確ではないけれど、そういう例はめずらしくありません。逆に、純日本的な本質を持つとされるものは「和」という漢字で表現されます。この漢字の第一義的な意味は調和、平和、一致、和合です。

　この2つの現象——偶然なのか意図的なのかはわかりませんが——は、日本人の日頃の精神的態度とは矛盾するがゆえになおさら不思議です。なにしろ、ふだん日本人は謙虚なうえ、自分を卑下して相手を持ち上げたりするのですから。ちなみにフランス語では、おぞましいことも、犯罪も、みだらな行為もすべて、国産の言葉がいくらでもあります。しかもそういう単語はたいてい、類義語も豊富なんです！

フランス語っぽい日々 ㉝

Un petit air de français au jour le jour

décembre 2015

日本の保育園での生活に慣れ
フランス語を話さなくなって久しい
息子（3歳）

> パン屋
> 行きたい

母親の話す仏語を理解している
ものの仏語は話さなくなってしまった

> 我々夫婦間の会話が
> 日本語だからかな

日本人 →　残念デス　← フランス人

そんな折息子の叔母に
あたるメラニーが来日した

息子はメラニーが大好きなのだが…

> 見て見てー！

彼女には日本語が
全く通じなかった

> ？
> …

またフランス人が二人になったことで
家の中が仏語環境になった

> Tu as passé une bonne journée en balade?
> （今日の観光どうだった？うまくいった？）

> Oui, c'était très agréable, il faisait
> très beau.
> （うん 楽しかったわ
> 天気も良かったし）

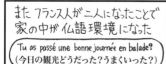

2日もすると息子は突然
仏語を話し始めた

> On va acheter
> le pain!
> （パン買いに行こうよ！）

父親の言語と母親の言語があると
いうことを立体的に理解したようだ

父
保育園の先生
保育園のお友だち
母
メラニー

10日後にメラニーが帰国する時は
自分も一緒に行くと言って大変だった

> Nao aussi va en France!
> （七央もフランス行く！）

> Oh, tu es mignon!
> （カワイー！）

> Nao aussi va
> en France!
> （行くー！）

メラニーはブルゴーニュから30時間
かけて来てるんだぞ ドバイ経由で

> Comment tu vas y aller?
> （どうやって
> 行くの？）

> プ セット
> poussette.
> （ベビーカーで）

お行儀よく話すには
Parler oui, mais parler bien

　子どもというのは、一見、スズメの脳しか持っていないように見えて、実はゾウの記憶力の持ち主です。外国語を学ぶときに彼らが発揮する能力は驚愕もので、そうと知らずに過小評価するのはまちがっています。最初は日本で育った日仏カップルの子どもは、日本の環境でいわば日本語しか話せなかったとしても、ひとたびフランスに移住しフランス語の文脈に身をおけば、2週間ほどでフランス語への移行が可能になります。

　日本で生活してはいても、わが家では3歳になる息子にフランス語で話すようにしています。しかし息子は日本語で答えてきます。ところがある日、息子はフランス語で返してきたのです。これにはびっくり。彼はこれまで耳にしてきたあらゆる表現を、たとえ一度も使ったことはなくても、ちゃんと記憶していたのです。なかには息子の前ではけっして使うべきではなかった表現もあれば、聞くなり忘れてくれていたら、と思うような表現もありました。またある日のこと、何かを落としてしまった息子はごくごく自然にこう叫びました。「メルドゥ（くそっ）！」

　フランスでは男性も女性もすぐに下品な話し方をします（フランス女性は日本の女性誌が見せているようにエレガントとはかぎりません！）。《merde くそっ》、《putain 売女》（＝ちぇっ）、《fais chier 糞をたれさせる》（＝うんざり）といった汚い言葉がほとんど自動的に彼らの口から飛び出します。《zut ちっ》や《crotte ヤギや馬の糞》など、似たような意味のもうちょっとマシな言葉もあるというのに。しかし、多少マシな言葉では、ヒドイ言葉を口にした時ほどスッキリしないのはなぜでしょう。苦境に立たされたときに下品な言葉を口にすると、ある種の快感とは言わないまでも、多少の鎮静効果があるものです。隠語辞典の分厚さからもフランス語の豊かさは測れるとはいえ、これはけっしてフランス語にかぎった現象ではないはずですね。

フランス語っぽい日々 ③

Un petit
air de
français
au jour
le jour

janvier 2016

妻の服を吊るしていた突っ張り棒が
服の重量で壊れた

ドゴゴゴゴ

私は壊れたその棒を黒く塗装し
ダンボールで工作して「猟銃」を作った

ビーッ

ブシー

さらにハンチング帽をかぶり
ネットで購入した髭をつけて
猟師の扮装の完成だ！

よし

明日は息子の通う保育園で
「フランスの童謡を歌ってみよう」と
題した子ども向けのイベントが開かれる

ちなみに私はPTA会長だ
（ヒマだと思われて選出された）

イベントには妻の知人のフランス人歌手
スプリームさんを講師として招待していた

0歳から6歳児までいるんですけど

大丈夫 大丈夫

日本
在住
30年

当日の朝

大変なことが
起きました

？

パリでテロが
あって 死者が
百人を超える
可能性があります

ええっ

フランスでは深刻な状況になっている。
でも 9千km 離れた日本ではまだ
テレビ報道もなく平穏だ。イベント
開始まであと 2時間。やるしかない。

本番前にスプリームに知らせる？

知らせるしかないでしょう

歌えるかな？

わかりません

我々の心配をよそに
スプリームさんは会場に登場し

皆さーん
こんに
ちはー！

"Dans sa maison un grand cerf"
（山小屋の雄ジカ）を子ども達と歌った

猟師から命からがら逃げてきたウサギを
雄ジカが家に招き入れてあげるという
わらべ歌。偶然にもシリア難民問題を
彷彿とさせる内容の歌だった

イベントは無事終わった

ありがとう スプリーム

子どもたちの笑顔で
この1時間は悲しいことを
忘れることができましたよ

「記念」すること、覚えていること
Commémorons

　シャルリ・エブド紙を襲った凄惨なテロから1年が過ぎ、その後またいくつかのテロが起きてからまだあまり日が経っていません。笑い、飲み、踊り、歌い、人生を楽しんでいた人たちが冷酷に命を奪われ、殺戮に手を染めた者たちは人間性を失いました。1年、あるいは数週間を経て、起きたことを忘れないために私たちは何をすべきでしょうか。

　考えられるフランス語の動詞はいくつかあります。たとえば〈fêter 祝う〉。いやいや、この動詞は適切とは言えません。幸福な出来事を記憶するためのものですし、たとえわれわれフランス人がテロリストに立ち向かって戦うために、陽気さを保ち、幸福そうにふるまい、恐怖に怯えたりなどしないと心に決めたのだとしても、この動詞はふさわしくありません。他に考えられる動詞に〈célébrer 祝う・祝福する〉がありますが、こちらも祝祭的なニュアンスがあって、やはり適当とはいえません。〈rendre hommage aux victimes 被害者に敬意を表する〉はどうでしょう。いいかもしれませんが、この表現は意味が限定的です。私たちが忘れてはならないのは、犠牲となった人々のことだけではなく、悲劇全体なのですから。滅多に使われない動詞ですが、〈solenniser 厳かに執り行う〉が求められている意味にいちばん近いと言えそうです。でもその語の通り、いささか厳かで仰々しすぎますね。消去法でいくと、残るのは〈commémorer 記念に祭る〉。でも使い方にご注意！〈fêter〉や〈célébrer〉は《fêter l'anniversaire d'un événement》のように、出来事の記念日を目的語にとりますが、〈commémorer〉は出来事そのものを直接目的語にとります。たとえば「テロの記念日を追悼する」は《commémorer l'anniversaire des attentats》ではなく《commémorer les attentats》。よく間違えるので注意が必要です。語の実際の意味をフランス人なら見抜けたとしても、フランス語学習者ではなかなかそうはいかないかもしれません。ここはぜんぶまとめて覚えておきましょう。

フランス語っぽい日々 ㉟

Un petit air de français au jour le jour

février 2016

フランス人の母親との会話は ほぼ
フランス語でするようになった息子（3歳）

> ほぎゃーど
> まもん

Regarde maman

私には よくわからないが 色々と話している様子

> ぱぱ
> いれぱ
> じょんてぃー

Papa, il est pas gentil

> いそ
> するべ！

Il faut se lever

> ほぎゃーど
> うちゅめ
> れぴえ

Regarde où
tu mets les pieds

子どもの能力は
すごいですネ

特に音楽に
対する感性は
素晴らしい

というわけで妻はフランスの童謡を
聴ける絵本を息子に与えている

> ぴこち
> ぴこた♬

Picoti, picota

なかなか学習効果が高そうである

さらに妻はマリア・カラスのCDを聴かせている

> 子どもなんだから
> 童謡でいいじゃん

> やりすぎでしょ

イエ、この子は何が
良い音楽かよく
わかっていますネ

本人も
気に
入って
います

そんな折,息子を実家に預けることがあった。小学生の
従兄たちがやってきて 息子は楽しく過ごしたようだ

帰ってくると日本の悪童 が歌う歌を元気に
歌えるようになっていた

> ちんちんもりもり
> ソーセージ♬

> オレが子どもの頃は
> もりもりじゃなくて
> ぶらぶらだったんだけどな…

シャンソンで
En chanson

　外国語の学習法でつい忘れがちなものに「歌 chanson」がある——息子が日本語で童謡を歌っているのを聞くたびそう思います。それまでは知らなかったけれど、日本のちびっ子たちがみんな知っている節回しのおかげで自然と覚えることができた言葉が童謡にはたくさんあります。息子は歌でアルファベットを覚え、フランス語で 10 まで数えることもできるようになりました。言語にはその言語固有のメロディーというものがあって、たとえ何も理解できないとしても、よく聞いてそのリズムやイントネーションを覚えることが肝要。子どもは見事にそれをやってのけます。

　日本人にとって「シャンソン chanson」といえば特定のカテゴリーを思い起こさせます。それは、必須の作詞家や歌い手の名とともに刻まれた 1940 ～ 80 年代のフランスの流行歌。シャルル・トレネ、ジョルジュ・ブラッサンス、ジャック・ブレル、セルジュ・ゲンズブール、エディット・ピアフ、ジュリエット・グレコ、シルヴィ・ヴァルタン、ジェーン・バーキン、フランソワーズ・アルディ……以下略。日本にはフランス好きの小さなアマチュア歌手グループが数多くあり、みなこうしたアーティストたちのシャンソンを覚え、たがいに感染力の強い熱心さで分かち合っていることにいつも驚かされます。フランスの音楽的な詩の世界が、こんなに評価されているのは感激です。想像してみてください。パリのあちこちで演歌のリサイタルを開く、何十ものフランス人集団があるでしょうか。いっぽうで、これらアーティストの全盛期以降もフランスの歌謡曲はかなり進化しているのに、残念ながらバンジャマン・ビオレ、ドミニク・A、ブリジット、ケレン・アン、クリスティーヌ・アンド・ザ・クイーンズといった才能豊かな彼らの後継者たちは、日本ではほとんど知られていません。バンジャマン・ビオレに「東京の椅子 Une chaise à Tokyo」という歌がありますが、最近のアーティストたちはまだまだ日本では人気の座を獲得できていません。ぜひ一度聞いてみてください。きっと耳に残るはずです。

フランス語っぽい日々 ㊱

Un petit air de français au jour le jour

mars 2016

3歳の息子がいよいよフランス語を話すようになってきた

On va où samedi?
（土曜日はどこ行くの？）

↑
自分で考えて文章を作れるようになった

日本社会で育つ息子にとって仏語の師はフランス人の母親唯一人だ

社会　日本語環境

家　仏語

それでもちゃんと話せるようになるところがすごい

無人島で育っても親一人いれば言葉をマスターするってことか…

でも今のところ息子の仏語には特徴があって

自分のことを「Je（私）」でなく「Tu（あなた）」と言っている

Tu

これは母親の呼びかけをリピートして言葉を覚えていっているからだろう

Tu veux manger?
（食べたい？）

Tu veux manger
（食べたい）

また否定形の文で質問された時の「はい」「いいえ」の答え方が日本語式だ

Tu veux pas manger?
（食べたくないの？）

Oui

「食べたくない」の意

逆に日本語で質問すると仏語式で答えていて混乱が感じられる

もう食べない？

→首を横に振る

「食べない」の意

「お父さんの携帯」という表現は日本語の順番になっている

C'est papa de téléphone

正しくは
le téléphone
de papa

C'est chiant
（この服マジウゼー）

Tu peux pas!
（着られねー！）

こういう「くそったれ口調」は唯一の師母親から学んだ

Merde!（畜生め！）

これも母親から

あべこべ
Sens dessus dessous

　《Papa de livre d'image 絵本のパパ》《maman de sac かばんのママ》——意味がわからないですか？ それはそうでしょう。語順がひっくり返っています。でもこれが日本語なら「パパの絵本」「ママのかばん」で語順が合います。日仏カップルのあいだに生まれた3歳児に、日本語とフランス語では意味は同じでも語順がひっくり返るのだということを理解させてみてください！ さらに厄介なのは否定疑問形です。わたしが息子に「寒くない？ Tu n'a pas froid ?」と聞くと、彼は「うん oui」と答えます。でもわたしには息子の言いたいことがよくわかりません。フランス語では、寒いのなら《si はい》、寒くないなら《non いいえ》。日本語では逆です。

　フランスと日本のあいだには、逆の言い方をしたり、反対方向でしたりすることが多々あります。たとえば住所の書き方。フランスでは氏名から始まって、通り、都市、そして国の順に書きますが、日本語では正反対。よく考えてみれば、理に適ってるのは日本人のほう。というのも、誰かの家を訪ねるとき、いきなり通りを探したりはしません。まずは国、それから都市、そして最後に通りにいたる。それが正しい「方向 sens」というものです。

　このフランス語の〈sens〉には、主に3つの意味があります。すなわち、「方向 direction」「意味 signification」「感覚 sensation」。正しい方向を向いていない（向きがあべこべの）ものは意味をなさないのだから、はじめの2つは関連しています。3つ目、これは五感のこと。つまり視覚、聴覚、触覚、嗅覚と味覚を表します。エチエンヌ・ボネ・ド・コンディヤックの『体系論』によれば、「われわれの認識はことごとく感覚 sens に由来している。ところが感覚は事物の本質までは至らない。事物の性質を捉えるだけだ」と。しかしながらフランス人の考えでは、物事を論理的に考えるのが《bon sens 良識》。何が良識かは、ヴォーヴナルグ侯の逃れようのない次の定義に委ねましょう。「良識 bon sens とは、物事を正しい方向 bon sens に摑むこと」

「バイリンガルの難しさ」

2015年4月〜2016年3月

3年目になると、長男のなおくんがだいぶことばを発するようになってきますね？

最初は妻がずっとフランス語で話しかけていたので、片言でフランス語を話し出したんですが、保育園に行くようになると、周りは完全に日本語環境なので、母親の言っていることは理解しているものの、まったくフランス語を話さなくなりました。

保育園にも、近所にも、フランス語を話す人はいません。息子にとってはフランス語を話すのはわたしだけですが、わたしは日本語がわかってしまう。だからフランス語で話す必然性がないんですね。また外で話をするときに、聞かれてはまずい話をしているようで周りの目も気になって自分も気まずくなるので、最初はフランス語で話しかけて、それを日本語に直してもう一度話すようにしています。でも結局、同じことを2度言うことに疲れてしまうので、外では日本語で話しかけています。日本にいながら息子がフランス語を話せるようにするのは、想像していた以上に難しいと感じています。

カリンの妹のメラニーさんが日本に遊びに来て、息子は日本語がまったくわからない彼女と過ごしたことで、突然フランス語を話し出しました（第33話）。それで、やっぱりフランス人とコミュニケーションをとる場所を積極的に作ってやらないと、フランス語は話せるようにはならないという話を、このころから夫婦で頻繁にするようになりました。なるべくフランスに行きたいね、と。日本にいながら、子どもがバイリンガルになることはすごく難しいと痛感しています。

夫が保育園のPTAの会長だったので、知人で歌手のスブリームさんを呼んでフランスの童謡を歌うイベントを企画しました（第34話）。周りの子どもたちも一緒に、フランス語に触れる機会を作れればと思ったからです。

「シャンソン」はフランス語では単に「歌」という意味で、フランスの童謡を歌おうという企画だったんですが、親御さんたちは「子どもにシャンソンを歌わせるなんて！」となかなか意図が伝わらず、苦労しました（笑）。

そのイベントの当日、パリの同時テロ事件が起きたので、この日は、なおさら記憶に残るものになりました。

フランス語っぽい日々 ③

Un petit air de français au jour le jour

avril 2016

父親が日本人、母親がフランス人のうちの息子の顔

フランス人の妻が言うことには

日本人ぽいデスネ

目が切れ長に見えるらしい

またフランス側の親戚も

アジア人の顔ねえ

このように言ってくる

私自身は息子の顔を仏人ぽいと感じているので仏人達のこうした反応が意外である

そっち側とちゃうんか

実際に日本での周囲の反応は以下のようなもの

ハーフ？かわいいねえ

伊豆の温泉で会ったおばちゃん

向うの血ですか？

スーパーの惣菜売り場のおっちゃん

母は外人？

スーパーにいたおばあちゃん

これは日本人と仏人で顔を見る時の基準が違うことを示している

自分達の顔が基準であって、息子の顔の中の違う部分をそれぞれ見ているというわけだ

こうして日々、日本人と仏人の顔のことを考えている私ですが…

お前もなんやかんや言われて大変だのう

先日、フィリップ・ドゥ・ショーヴロン監督の映画「最高の花婿」を観たら"フランス人と中国人の間に生まれた子"という役どころの子達が登場していた

これが私にはいわゆる「ハーフ」の顔に見えなかった

普通の中国人の子に見えるな

でもハーフなのかも…それもありうる

気になってしまった

監督本人に対談企画で会えたので直接質問した

あれはどうなんですか？

や、あの子達は「ハーフ」ではないよ

オーディションで見つからなかったから…

こんな質問初めてされたわ

神様みたいに幸せ！
Heureux comme Dieu en France !

　数か月前から世界中で上映されているフランス映画、そのタイトルは《Qu'est-ce qu'on a fait au Bon Dieu ?（神様に何をしたの？）》。訳題がそれぞれの国で異なるのは、元がフランス的すぎて、そのまま訳しても他所では理解されないからでしょう。

　邦題の『最高の花婿』は、原文とはまったく違っているけれど、作品の主題がかえってよく伝わるかもしれません。フランス語の原題はというと、よく使われる慣用表現を借りてきたもので、「我々が神にどんなひどいことをしたというのか、運命にこれほどの罰を受けるだなんて」といった意味。とんでもないことが起きたときや、周囲の人の耐えがたい行為や態度を嘆くときに使います。「こんな目に遭うなんて、私が神様に何をしたっていうの！」

　フランス語では「神」にまつわる表現がほかにもたくさんあります。たとえば「神様のおかげ Dieu merci」。いい年にせよ悪い年にせよ、幸い何かが望みどおり実現することを表します。言い換えれば「神様がいなければ、もっとひどいことになっていたかもしれない」と。あるいは「この人は告解をしなくても聖体（神様）を授けられる On lui donnerait le Bon Dieu sans confession」。一見とても信頼できそうな人、うわべでは非の打ちどころのない人について使う言い回しです。さらには「神は己の者を知りたまう Dieu reconnaîtra les siens」。行いのよい者と悪い者を社会が時に等しく扱うとしても、よい者だけが最後に神々に報われることをいいます。「善き神の子らを野鴨と思うなかれ Il ne faut pas prendre les enfants du Bon Dieu pour des canards sauvages」、これも映画のタイトルになった表現で、他人についての判断を早まってはいけないという意味。そしておしまいは、「フランスでは神のように幸せ heureux comme Dieu en France」。自分たちの国がいちばん居心地がいいと言いたいようです。う〜む！

フランス語っぽい日々 ㊳

Un petit
air de
français
au jour
le jour

mai 2016

フランス語で息子（3歳）に話しかける妻

Tu veux mettre une couche ou une culotte?
（オムツにする？パンツにする？）

Une couche
（オムツ）

二人を見ている私

・・・

フランス語話せない ←

我が家の日常風景です

こうして妻は息子がまだ何も話せなかった赤ん坊の時からフランス語を話すようになるまで育ててきたのです

Où est ton bonnet?
（帽子はどこ？）

Sous la table
（テーブルの下）

でも彼女は気付いていないのだ

私というモンスターを同時に育てていることに・・・！

ゴゴゴゴ・・・

Arrête,
（やめて）

tu vas la casser, la pousette!
（ベビーカーが壊れる）

実は私は彼等の話している内容を100％理解しているのだ

息子の成長と共に私のフラ語能力も成長してきたというわけです

ただ彼等が話していることを話すことはできない

・・・

いつも黙って聞いているもんだからいざ口に出そうとしてもフレーズを憶えていないのである

？

やっぱり声に出してリピートしないと駄目なのだと最近は感じています

こうして秘かな自信を蓄えていた私ですが

うちに大人のフランス人が来た時は何を言っているのか1％もわかりませんでした

会話の内容が幼児向けだったからわかった気になってただけか・・・

ニュアンスがすべて
Tout en nuance

　言いたいことは日本語で難なく伝えることができるようになった、そう思っていたわたしですが、ここにきて障害に直面。テレビに出て、他のジャーナリストたちと議論をせねばならなくなったのです。日本語の先生が言うには「あなたの言ってることは分かるけど、話し方がちょっと子どもっぽいの」。なるほど、テレビでは「危ないです」ではなく「危険です」と言うし、「ちゃんと」は「きちんと」、「良くなる」は「改善する」といった具合。日本語の勉強は本当にきりがありません。とはいえそれはフランス語でも同じこと。モリエールの言語では、日本語と同様あるいはそれ以上に、ひとつの考えを表すのに数多くの言い回しが存在し、話し方や書き方の技術はすべて、ニュアンスをもっとも繊細に伝える語が使えるかどうかにかかっています。

　たとえば〈mot ことば〉という語の場合、同義語や類義語は145もあって、〈nom 名詞〉、〈verbe 動詞〉、〈adjectif 形容詞〉、〈homonyme 同形異義語〉、〈vocable 音感語〉、〈parole 発言〉、〈message メッセージ〉、〈allocution 演説〉……、これらを使い分けてこそ、どんな「ことば」が問題になっているのか正しく示せるのです。〈fin 終わり〉という語だと、辞書にはずらり130個もの同義語や類語が並んでいます。〈aboutissement 到達〉、〈épilogue 終章〉、〈issue 出口〉、〈dénouement 結末〉、〈terminaison 語尾〉、〈échéance 期日〉、〈décès 死〉、〈extinction 絶滅〉、〈but 目標〉、〈cause 目的〉、等々……。

　どうしてこんなに多くて、それにどうして各々が同義語とは限らないのかって？　それは、フランス語には複数の意味を持つ語が非常に多く、その意味同士の関係が論理的なこともあれば、まったくそうでないこともあるからです。〈rapport〉という語がまさに好例で、「報告」から「関係」まで定義は11項目、途中には「比率」や「交際」なんてのも。ややこしいこと限りなしです。つまるところ、フランス語を学ぶ日本人はわたしより気の毒なのかもしれません。

フランス語っぽい日々 ㊴

Un petit
air de
français
au jour
le jour

juin 2016

来日したフランス人
ミュージシャンのライブに
妻のすすめで行ってきました

別途
ドリンク代
500円
頂きます

600人程の客の9割以上がフランス人だった

パリのライブ
ハウスにいる
みたいだ

もうここは
フランスだな

ステージに立つミュージシャン、
マチュー・シェディッドは
卓越したギターテクニックで
飽きさせなかった

フランスでは大変な人気の人のようだ

東京中のフランス人が
集まっているんだ

みんなで大合唱に
なってるけど俺には
歌詞がわからない

後ろのバーカウンターに飲み物を
取りに行きたくなってきた

でも振り返ると人の海で
前後左右全く身動きが
取れないのであきらめました

ドンッ

うおっ
？

ドブッ

あう！

この状況でも最前列からバーに行き
両手に飲み物を持って最前列に
戻ろうとするフランス人が絶えなかった

強引に行動する彼等を見ていると

「こんなに混んでいるんだから
あきらめよう」と思った自分の
判断は何だったのか、弱気
すぎたのかと思えてくる

しかも周囲に比べて身長の低い
私のいる場所が格好の通路
になっているようだった

なんで俺の
とこばっか
通るの？

体格も度胸も劣る自分が
一方的にフランス人にヤラレ
続けるこの感じ

アレ？
なんだっけ
この感覚
…

そうだ パリ生活は
いつも こんな
気持ちだったな〜

なっかしー

88

シャンソンでニッポン
Japon en chanson

　6月21日は音楽祭、さあ、音楽なさい。フランスの祭日のなかでもとりわけ大好きな、服従も宗教もない、歌だけのお祭りです。すでに国際的に知られてきてはいますが、この音楽のお祭りは、国境を超えて、全世界的なものにだってなれるはず。ごぞんじでしょうか、男女数多のフランスの歌手が日本の聴衆を相手に歌いたいと夢見ていることを。何かしら日本を投影したフランスの歌もたくさんあることを。たとえば「東京の椅子 Une chaise à Tokyo」（バンジャマン・ビオレ）、「シュー・ワサビ Chou Wasabi」（ジュリアン・ドレ）、「渋谷駅 Shibuya station」（ルイーズ・アタック）、「ポップ・サトリ Pop Satori」（エチエンヌ・ダオ）。名前自体が日本語の響き、真偽はともかくフランス人にはそう聞こえる響きに着想を得たようなアーティストだっています。そう、残念ながら消滅してしまったデュオのリタ・ミツコとか。

　それというのも、歌い手に限らず、フランスのアーティストの想像の世界では、日本は好奇心を刺激しインスピレーションを与えてくれる国、という卓越したイメージがあるのです。- M - とも呼ばれるシンガーのマチュー・シェディッド（歌手ルイ・シェディッドの息子で、女性詩人アンドレ・シェディッドの孫）は、最近日本を訪れた際に語ってくれました。「日本と聞いて心に浮かぶのは、一方では優雅さや洗練、そしてもう一方では厳格さや敬意、規律といった、ちょっと軍隊的な感じ。すごく惹かれるし、少し怖くもあるんだ」。また「日本はアジアのミューズ、アジアの至高だよ」とも。そのとき彼が思い浮かべていたのは、日本からその豊穣な美学と審美眼を得たデヴィッド・ボウイ、ビョーク、プリンスのこと。他の様々なクリエイターにとってと同様、日本は尽きることのない独創性の源泉なのです……たとえ彼らの誰ひとり日本の言葉を話さないとしてもね。

フランス語っぽい日々 ㊵

Un petit
air de
français
au jour
le jour

juillet 2016

パリで子どもを保育園に預けている友人の口嘆き

保育園の先生が grève （ストライキ）やるんですよ

1年間に4回ですよ

その度に働いてる親は有給休暇取ったりベビーシッター探したり大変ッス！

マジかありえねえ…

もし私の息子が通っている日本の保育園で同じことが起きたら親がキレて先生達との関係は最悪になってしまうだろう

何考えてんだ！

それでもプロか？

なんでフランスの先生はそんなことができるの？

翌日どんな顔して親に会えばいいのよ？

ストライキは労働者に認められた権利です

それにもう何十年も前からこうですから皆そういうものとして受け入れてます

確かにフランスでストで電車が止まると皆ブーブー文句を言いつつも順応していて

2 GREVE

誰かが休んでも会社が止まっても社会はまわるんだ…とストを知らない世代の日本人の私には新鮮な驚きがあります

反対に日本だと「プロ意識」や「責任感」が強調され休むことが許されない空気がある

自分の経験から言っても会社で働いていた時期も漫画家としてフリーランスになってからも過酷な労働を美徳とする風潮は全く同じでそこはやっぱり日本です

やる気があれば眠くならないんだよ

ウソつけ

日本では保育士の処遇の低さが昨今問題になってますがそれでも保育士の先生達は決してストをやらない

ありがたいけどなんで？

なんか悲しい…

ストがタダすぎるフランスと少なすぎる日本

POLICE NATIONALE

生きやすいのはどっちでしょうか

反抗してばかり、ああフランス人！
Des révoltés toujours, ces Français !

　日本人は伝統をとても大事にすると言われますが、フランス人だって時には同じ。230 年ちかく途切れずに彼らが守ってきた伝統……それは反抗すること。1789 年のフランス革命という驚異の劇変と、その象徴としての 7 月 14 日のバスティーユ奪取は、すべての人の脳裏に刻まれています。

　それ以来、国家に怒りを向ける機会をフランス人は絶えず見つけてきました。かならずしも武器を取ったり、国の指導者たちを辞職に追い込んだりするわけではなくて、常套手段は「ストライキ grèves」。日本人がいわば放棄してしまった抗議の方法です。

　フランスのストライキは、ほぼあらゆる業界で、いわゆる「組合の呼びかけ」によって行われます。そしてスト（共通の利益の保護を目的とした集団による自発的な労働の停止）と同じくらい浸透しているのが「デモ行進 manifestation」で、両者は民主主義が提供する権利です。最近も、労働法改正に反対するフランス人が「通りに出る descendre dans la rue」（デモの婉曲表現）姿が。ラジオ局や通信社、そのほかメディア関係に従事する人々までもが、鉄道員（スト界のチャンピオンとして知られています）、航空業界や石油産業の従業員と肩を並べて運動に参加していました。

　ほかにも「ハンガーストライキ grève de la faim」（要求を支持したり立場を守ったりするために自らの意志で食物摂取を断つ）や、「高校生ストライキ grève lycéenne」（授業に出席しない）といったタイプの異なるストもあります。

　さて、日本人がストをしたとして、好みそうなやり方といえば、おそらく……「遵法スト grève du zèle」、必要以上に働くことで業務全体を滞らせるというストライキ、でしょうか。

フランス語っぽい日々 ⑪

Un petit air de français au jour le jour

août 2016

フランス語 勉強しないとな...

いつも言ってる

全く やる気が ありませんネ

待ってくれ やる気はある

でも フランス語って 目的語が代名詞 だと 動詞の前に 来るじゃん

例：Je t'aime

あれが 嫌なんだよ

疑問文や否定文に なったり さらに pouvoir（〜できる） とか devoir （〜しなければならない） とかが 入ると もう 順番が わからない

何か言いたい事が あっても 順番が わからないから

ウッ って 詰まっちゃうんだ よね

つまりフランス語が悪いんだと思う

その点 ナオは 思った事を フランス語で話す事ができる ようになってるのが すごいよな

迷いがない

3歳の息子は 母親のフランス語を聞くことで 文章のパターンを蓄積し 自在に自分で文章を作れる ようになった、と 私からは 見える

Nao mange le poisson. C'est tout. （魚だけ食べる あとはいらない）

実はナオのフランス語も 時々順番は間違ってる んですよ

そう なの ？

子どもですから

たしかに日本語も 間違いが 多いもんな

順番は 間違っても いいのです

意味は 通じます

マスキュラン（男性形）、 フェミナン（女性形）も 間違ってもいいのです

le la

ジェーン・バーキンの フランス語はいつも le と la が 間違って いますが フランス人は かわいいと 感じてますよ

それは ジェーン・バーキン だからでしょ？

あなたは 3ヵ月 集中すれば 日常会話はできるようになる はずです！

ぐう

弱った

男性？女性？そして語順は？
Un ou une, et dans quel ordre ?

　フランス語には「天使の性別を尋ね合う s'interroger sur le sexe des anges」という変わった表現があります。天使の性別なんて誰も知らなくて当然なのに、それでも各々自説があったりして、議論はえんえん際限なし。この表現の意味はつまり、ほかにもっと大事な問題や争点があるにもかかわらず、決着のつかない議論がいつまでも続くこと。そう、たとえば、単語の性！これもまた、フランス語を学ぶ外国人に数々の疑問を巻きおこしながら、誰にも論理的な答えの出せない問題です。なぜかというと、性をもつのは語であって、その指示対象じゃないから。それが証拠に、同じものを定義するさまざまな語がかならずしも同じ性とは限りません。自動車は〈une voiture〉、〈une automobile〉（どちらも女性名詞）とも、〈un véhicule〉（男性名詞）ともいいます。自転車は〈vélo〉なら男性、でも〈bicyclette〉だと女性です。

　有名外国人がフランスに住んで久しく言葉もペラペラ、なのに多くの単語の性を分かっていないまま、なんてことも。イギリス人歌手ジェーン・バーキンは間違いの多さで知られていますが、それは彼女の魅力にさえなっています。話をさらにややこしくすると、無性別（un も une も付けられる、「アーティスト artiste」がまさに好例）の単語もあるし、単数は男性（「愛 un amour」）なのに複数だと女性（「麗しき恋 de belles amours」）みたいな、性転換してしまう語もあります。

　さらには、フランス人自らがよく間違う語。「一枚の花びら un pétale」にune を使ったり、「縁起の良い de bon augure」という男性名詞の表現に女性形 bonne を使ったり。はたまた別のよくある問題が、語順のこと。固定された決まりはなく、順序を決めるのは意味なのです。だけど性数の一致は文中の語の位置によって変わったりするから要注意。……ややこしくなりすぎました、これにて打ち止め！

フランス語っぽい日々 ㊷

Un petit
air de
français
au jour
le jour

septembre 2016

2016年7月、フランス人女性達が伸ばしたわきもやすね毛の写真をツイッターに次々に投稿したことが話題になりました

女はムダ毛を剃れーい！

という社会の風潮に対して自分の体毛の扱いの自由を訴えたものである

これに対してフランスのインターネットでは称賛と同時に「気持ち悪い」「いきすぎたフェミニズム」と非難する声もあがり論争となっている

私の妻は否定的意見だった

思春期の少女はしなくてもいいんですよ

でも大人の女性はきちんとすべきです

したい人はすればいいし したくない人はしなくていいんじゃない？

ナヌ？

本当にボーボーがいいんですか？

処理されてる方がきれいだとは思うけど…

ホラ！

でも本人がやりたくなければ別にいいのでは…

これでも？

これでも？

これでも〜？

フランス人の剛毛さは日本人のヒビじゃねえな

自由のためというより単に体の手入れが面倒臭くて便乗してる人もいるんですよ

まあ それはあるんだろうけど

この運動の発端は体毛を剃るのを拒んで学校でいじめを受けたという16歳の女の子がLes Princesses Ont Des Poils（お嬢様にはもがおあり）というタイトルの映像作品を発表したことです

その動画を観てみた

おお、意見広告CMみたいでかっこいい！

しかも iphone 6 で撮影したの？スゲー！

16歳でこんな発信力があることの方に驚いてしまった

「お嬢様には毛がおあり」って、自由？
« Les princesses ont des poils », liberté ?

　日本の女性誌にとっては厄介なことになってきました。これまで何ページにもわたって伝えられてきた、フランスの女性は極上エレガント、パリジェンヌはお洒落でキレイ云々。そんな評判も、最近の「お嬢様には毛がおあり」というムーブメントにかかってはもうおしまい。なぜなら、一部のフランス人女性が、エレガントでないことをネット上で自画自賛しているからです。彼女たちは意図して体毛を生やしっぱなしにし、それが「美の独裁」に屈せず、自由でいるための方法なのだといいます。ああ、自由。すべてを正当化し、すべてを許可する、そんな自由。わたしはお門違いだと思います。

　今回の流れの発端は、16歳の女の子が投稿した1本の動画で、毛深い自分の脚と腕を見せ、そのままでいる自由を要求したことでした。つまるところ、12や14、16歳やそこらの子が、きれいになるためのお手入れは自分の義務でないというのなら、弁護も理解もできます。でも、大人の女性が機に乗じて「私もそう思う」と発言し、ボーボーの腋や脚の写真をネットで人目に晒すのは、恥じらいの欠如であって、彼女たちのためにもなりません。「フランスの女性は本当に自由なんだ、すごい」と思う人もいることでしょう。それって自由？　単に怠惰ってことでは？　脱毛は面倒なものですが、今どきの技術を使えば、ほんの10年前に拷問みたいだったのとは大違いです。

　似たような自由の論法を使う男性もフランス人にはごまんといます。自分の顔が文字通り荒れ果てるのを承知のうえで、アゴヒゲ伸ばし放題。剃るのがおっくうな彼らは、アゴヒゲの流行をいいことに、身だしなみをおろそかにしています。なかにはもう、ぞっとするような輩も。さてこれからのフランス人、かくも大切な、神聖不可侵の自由の名の下で、「もう体を洗わない権利」なんてのも要求したりするのでしょうか。

フランス語っぽい日々 43

Un petit
air de
français
au jour
le jour

octobre 2016

フランス人の妻がテレビに出て日本語で話していた

排外的な政策を掲げるルペンが初のオンナの大統領になるかもしれません

個人的な意見ですがこういうオンナが大統領になるのは心配デスネ

自宅にて

あの…

女（オンナ）というのはやめた方がいいかもしれない

何故ですか？

日本語を話している外国人に向かって「その日本語 間違ってます」と言うのは難しい

・・・

話の腰を折ることになるし努力して日本語を学び日本語で話してくれている人の心を傷付けるのは不粋な行為だ

「間違ってはいないが違和感がある」というレベルだと尚更指摘しにくい

うまく言えないけど

「女」だとぞんざいな印象があるのだ

公的な場では「女性」「女の人」と言った方が良いです

テレビでニュースを見ていても相手が犯罪者だと「女」と呼んでるし「女」はネガティブな場面で使うことが多いんだよ

今日〇〇市の市役所で40代の女が職員の女性を刺しました

ドキ

別に俺に向かってそういう話し方をするのはかまわないんだけど

あなたは仕事で日本語を使うし最近はテレビに出て発言することもあるのであえて細かく指摘しました

わかりました

日本人もいろいろ気を遣います

良いものは時に良くないもの
Ce qui est bon n'est parfois pas bien

　「ある女(ひと)について話すとき、「女(オンナ)」って言うのは避けなきゃダメ、「女性」とか、場合によっては「女の人」とか言わないとね」。日本人の夫からの忠告です。そこからすぐに頭に浮かんだのはフランス語のこと。最善が時として善の敵になる言語……なかでも、そう、女性について語るときには。端的な例が〈une bonne femme〉。「良い女性」だなんて、一見褒め言葉かと思いきや、いえいえどうして。「あの〈bonne femme〉は毎日店に来る」という言い回しは、実は非常に軽蔑的。ざっくりいえば、いっそ来ないでほしい客、ガミガミうるさい性悪女、みたいな感じです。もう少しまともなニュアンスになるのは「あれは〈une sacrée bonne femme〉だね」で、こちらは男性と渡り合える、気性の強い女性のことを指します。男性について「あの人は〈un sacré bonhomme」だ〉という場合の意味合いはポジティブ（いい奴／お人よし）。一般的に、大人に関しては〈bonhomme〉のほうが〈bonne femme〉より感じがいいのです。それに対して、母親が小さな女の子に〈petite bonne femme〉、男の子に〈petit bonhomme〉と呼びかけるのは普通のことで、むしろかわいい愛情表現です。

　女性に関して「彼女は〈bonne〉だ」というのも避けましょう。日常語ではおおよそ性的な方面の能力に関心を惹かれるという意味になります。男性については「彼は〈bon〉だ」といってもかならずしもその手の意味を暗に含むことにはなりません。形容詞〈bon〉には仰天ものの用法がほかにもあり、「良い神 bon Dieu」は罵りの言葉で「ちぇっ」の意。「良い血 bon sang」は「畜生」にあたる間投詞で、人前での使用はお勧めできません。

　知っておいて損はない、でしょう？「タテマエ」のチャンピオンたる日本のみなさんにはお教えするまでもありませんが「本当のことでも言って良いとは限りません Toute vérité n'est pas bonne à dire」。ことわざのいうとおり、「良き理解者よ、肝に銘じたまえ！ À bon entendeur, salut !」なのです。

フランス語っぽい日々 ㊹

Un petit air de français au jour le jour

novembre 2016

私は31歳の時にフランスにいました

フランス生活では 毎週のように フェットと呼ばれるパーティが 開かれていました

私はパリの日本人社会の中に いたので それは生粋のフランス文化 とは違ったのかもしれませんが

気さくで オープンな フランス流の 人づきあいに好感を持ちました

日本に帰ってから39歳で フランス人と結婚しました

年に一度の妻の里帰りでフランスへ 行くと妻は私を彼女の知人.友人の 集まるパーティに連れて行きました

それは徹底していて毎回必ず 夫として私はパーティに同席し そこで紹介され周囲も私を 受け入れてくれました

とても ありがたいことです

でも フランス語の話せない外国人の私が 一人交じっていると周囲が会話の内容や 流れに気を遣うのでこっちも気が引ける

久し振りに集まった仲間だけで" 積もる話もあるだろうに… 俺なんかいない方が良いのでは?

と思うことも しばしば

私としては適当に 相づちを打ったり 英語で少し答えたり

C'est vrai (本当)?

便利な 返し

それもできなくなったら相手の鼻の穴の 形を見たりコップの底を見たりしている

電気の光に かざすとキラキラ してキレイです

後日. フランスはカップル社会で 社交の場には 夫婦同伴で 参加するのが常識、と知った

その手の うんちく本

ほう

だから妻はあんなにこだわっていたのか …

自由気ままに思えたフランス人の 人づきあいにも 実はルールが あったのだ

そう言われてみるとパリ時代の パーティでは 私以外の客は ほとんど カップルだった!

フランス人には 「いつも一人で来る変な女又」と 思われていたかもしれない

ふたつのカップル観
Deux visions du couple

　日本のレストランで、各テーブルの顔ぶれを観察して楽しむことがよくあります。日本に滞在する多くのフランス人と同様、わたしもびっくりしてしまったのが、一方は女性のグループばかり、もう一方は男性のグループばかり、という光景。もしフランスでそういう状況になったら、男性陣がすかさず女性側のテーブルに出向いていく、あるいはその逆、でしょう。冗談はさておき、フランスで男女混合の配席が好まれるというのは本当で、なるべく男女が入り混じるようにセッティングします。パーティや結婚式に人を招待するときは配偶者も一緒に招き、それは同性カップルの場合も同じです。ふたりが結婚しているかどうかは気にしません。企業開催のソワレパーティでも、男性社員が妻や同伴者、女性社員が夫、同棲相手やパートナーと同行することはよくあります。

　それに対して日本では、一緒に暮らす相手は抜きで、自分だけで式典に招待されることのほうが多いです。これはフランスではめったにないことで、よくも思われません。日本ではそのうえ既婚／未婚の区別をつけたがります。フランスでもかつてはそうでしたが、今は違います。生活を共にしながら結婚していない人は大勢いて、その事情の表し方も数知れず。「何某と何某はカップル en couple だ」、「同棲している en concubinage」、「所帯を持っている en ménage」、「一緒に暮らしている être ensemble」、「パートナーcompagnon/compagne 」、「配偶者 conjoint/conjointe 」等々。PACS（連帯市民協約）という婚姻に準じた契約で結ばれた関係の場合は、「パックスしている ils sont pacsés」ということも。そしてどの状況でも、法で結ばれたカップルと同等に扱われます。ただし結婚の契約によって生じる、共同生活、貞操、相互扶助という３つの義務は負っていません。ご承知おきください。

フランス語っぽい日々 ㊺

Un petit air de français au jour le jour

décembre 2016

4歳児というのは なかなか 親の言うことを聞かないものだ

今日も妻が息子を叱っていた

フランス語で

Cinq minutes, et tu prends la douche!

(遊ぶのは あと 5分で終わり！ シャワーを 浴びなさい！)

息子に話しかける時は 私は日本語 妻はフランス語というのが 我が家の暗黙のルールである

Cinq minutes!

Tu prends la douche! Hein?

• • •

それでも時々私もフランス語を 言ってみたくなる時があります

サンク ミニット テュ ポン ラ ドゥーシュ！

息子はちょっと驚いた様子だった

そして笑ってこう言った

おとーさん

ニヤニヤ

もう1回 言ってー

何笑ってんだ こいつ… 発音が間違ってるのか？ よし、気合いを入れて…

サンク ミニット テュ ポン ラ ドゥーシュ！

ギャハハハハハハ！

もっかい 言ってー

ヒーヒー

もっかい 言ってー

サンク ミニット テュ ポン ラ ドゥーシュ！ ギャハハ

サンク ミニット

ギャハハ

息子は完全に私を馬鹿にしていた

近場にあったフランス語 教室に申し込みました

つづく！

シェイクスピアの、ゲーテの、モリエールの言語
Langue de Shakespeare, de Gœthe, de Molière

　フランス語は繰り返しを嫌います。ひとつの語が同じテクストのなかで同一の意味で何度も現れるのは良しとされません。日本語ではそこまで嫌がられないようですが、フランス語話者は、芸術的・詩的なものでない限り、音の響きが過剰に重なることについてとても敏感。そこでこうした繰り返しを避けるため、同義語や、迂言法（ペリフラーズ）が使われます。迂言法とは、一語で表せる概念を、まさにその一語を避けるために、複数の語をもって表現するもの。たとえば「フランス語を話す」という代わりに「モリエールの言語を話す」。ドイツ語なら「ゲーテの言語」、英語は「シェイクスピアの言語」。よく見かける表現なので誰にとっても意味は明らか……シェイクスピアがイタリア人だと思っている人（いるいる！）以外は、ですね。では日本語は？ タニザキの言語？ ナツメの？ オオエ？ カワバタ？ それともミシマ？ お好みでどうぞ。

　いかに豊かで要求の多い言語とはいえ、フランス語にも弱点はあります。たとえば頻出動詞のカバーする概念が多すぎて、文脈だけがその意味を決めるというケース。動詞を３つ紹介しましょう。〈prendre〉は物を「つかむ」を意味することもあれば、人の考えを悪く「受け取る」や電車に「乗る」ことを表したり、またシャワーを「浴びる」のように「する」の意味に近かったりもします。〈mettre〉の難しさも同様で、その意味は、テーブルに何かを「置く」や上着を「着る」、手段や時間を「かける」等々。〈faire〉はさらにひどくて、解釈は幾十にもおよびます。これほど微妙で煩雑な問題の数々を前に、フランス語学習の解決法の方は 50 通りある訳でもなく、要は「雄牛の角をつかみ prendre le taureau par les cornes」（困難に真正面からぶつかり）、「徹底的に自らを投じ s'y mettre à fond」、「できる限りのことをする faire de son mieux」のみ。夫はフランス語のレッスンを「受ける prendre」決心をし、わたしにはそれが喜びを「もよおし faire」、夫には少々プレッシャーを「かける mettre」のでした。

フランス語っぽい日々 46

Un petit
air de
français
au jour
le jour

janvier 2017

＊ PPAP：日本人コメディアン古坂大魔王扮するピコ太郎が、動画投稿サイト YouTube で発表した 45 秒の曲。世界的に流行し、タイム誌、CNN、BBC でも報じられ、ビルボード 77 位にチャートインした。各国の人々が自国語でカバーし投稿している。

音楽を語ろう！
Parlons musique !

　熱心な読者の方ならごぞんじのとおり、わたしは音楽好きで、なかでもフランスの歌を愛しています。だって、豊穣で味わいに富むフランス語が、そしてその言語をいとも巧みに操るアーティストたちが、大好きだから。

　フランス語は、そう、歌で称えられるものです。でもその逆もまた真なりで、フランス語が音楽を称えることだってあります。音楽を参照した表現は実際に数多く存在します。たとえば「ラの音を鳴らす donner le la」は、会合やイベントで基調を定めること。「基調」の「調 tonalité」という語もそれ自体音楽にまつわる言葉です。「音楽を知っている on connaît la musique」は、出来事や話題に目新しさがない、聞いたことがある、同様の状況を経験済みだという意味。「また同じリフレイン encore le même refrain」「また同じ流行り歌 encore la même rengaine」は、くどくど繰り返される言葉にうんざりしていることを示します。

　「音楽より早く進むのはよそう N'allons pas plus vite que la musique」は、進行をわざと早めるべからず、事を成すテンポを大事にしなさい、ということ。「音域に自分を合わせる se mettre au diapason」は意見に同調すること。同様によく使われる「調和する être en harmonie」は、不調和を起こさない、矛盾しないこと。音（古代ギリシア語で〈phônê〉は「声」のこと）にまつわる「カコフォニー cacophonie」（不快な音）という語は、対立して分かり合えない人たちが各々に放つ発言を示します。そんなとき相手に頼むのは「ヴァイオリンを揃えて accorder leurs violons」理解し合うこと。「音程が狂っている détonner」人といえば、他人と調和しない、調子が異なる人のことです。音楽用語を使った表現にはほかにも、現象の増大や状況の悪化を示す「クレッシェンド crescendo」や、表現を抑えたり、含みをもたせるという意味の「変記号（♭）を付ける mettre un bémol」などがあります。

　まだまだおしまいではありません。もしあなたに「歌いかける chanter」（その気にさせる）なら、楽譜の続き、どうぞ書いてくださいませ。

フランス語っぽい日々 ㊼

Un petit air de français au jour le jour

février 2017

10年ぶりにフランス語の学校に通い始めました

来春にパリの書籍見本市 "サロン・ド・リーヴル" に参加するので そこが目標です

例えば サイン会をする時に現地の編集者や読者とある程度の会話ができるようになりたいのです

とにかく フランス人と接した時の あの気まずさを何とかしたい

大枚はたいて週1回80分の10回コース、マンツーマンの授業に申し込みました

約15万円。40男の決断でした

私はフランスに何度も渡航したことがあり、そのうち1回は1年の滞在でしかも今はあろうことかフランス人と結婚している

それなのに仏語は中3英語レベルの文法力すらない…

一方でここ数年 フランス人と接する機会は増えるばかり

このアンバランスが限界に来ておりマンツーマンの授業ならば…と藁にもすがる思いでした

果たして私の先生はジュネーブ帰りの日本人女性だった

Bonjour!

年齢はたぶん私と同じくらい

最初のCDの聴き取りではほめてもらえた

ヒアリングは良いですね

もろ密室

これまでフランス人の会話を聴くことが多かったので 短いフレーズの音だけは耳に残っているのだ

ただし 意味や文法はわかってない

パフォワって否定のpasとfois(回)で「回数が少ない」という意味と思ってましたよ

parfoisでひとつの単語ですか

へー！

「時々」という意味だったのか…

ジョネパ？ なんでジョなんですか？ ジュじゃなくて？

ジュセパとかのジュじゃないんですか？

え？ ジュ ノ ネ パ Je n'en ai pas の話し言葉で ne が取れて ジョネ パ J'en ai pas ですか なるほど

へー！

西さん ふだんからフランス語に接する機会があるんですか？

まあ、はい

変な質問に困惑気味

妻がフランス人とはまだ言えずにいた

言語を替える、考え方が変わる
Parler une autre langue, c'est repenser

　外国語を学ぶ、それは単に母語の単語や文を別の言語で仕立て直すだけのことではなくて、コンピュータの OS をすぱっと変えてしまうようなもの。わたしは日本で毎日そう実感しています。言葉とはつまり思考の方法。いえ、もちろん、翻訳でも言いたいことはそこそこ伝わりますが、それで外国の社会に溶け込むことにはなりません。フランス人にとっては日本の場合が特にそう。なぜなら日本語を深く勉強すればするほど、わかってくるのです。解釈の余地の大きい曖昧な表現や遠回しの言い方が、この言語ではどれほど好まれていることか。

　非常に直截な表現もたしかに存在します。だけど公の場やテレビ、政治家の演説では、こみいった文の言い回しや「〜ではないかと思います」といった否定疑問表現のほうが重宝されます。フランス語では、俗に言う「鍋のまわりをうろうろ tourner autour du pot（遠回しの言い方を）」することは少なく、「言葉をもごもご mâcher ses mots（歯に衣を着せ）」もしません。フランス人の意識では、それは失礼ではなく、率直であり、大人だということです。日本では逆に、修得した社会慣習のフィルターを通さず、考えをダイレクトに表現するのは、子どもにしか許さない、幼稚なふるまいとみなされます。

　そんなわけで、フランス人女性が日本に来て、母語同様にズバズバ日本語でものを言うと、どこか子どもじみた印象をあたえます。いっぽう、パリに来た日本人が、自分の本心をフランス語ではっきりと言い表さなかったら、人間が未熟だと思われます。

フランス語っぽい日々 48

Un petit air de français au jour le jour

mars 2017

私は独身時代季節ごとの行事や決まり事に一切関心がなかった

でも結婚し子をもうけてからはなんとなくそれでは子どもに悪いと思うようになり

今年の正月はフランス人の妻と一緒にお雑煮やお節料理を見よう見まねで作って日本的な正月になるように努めた

今年の正月はうちは赤飯を炊いてみたよ

パリ滞在時代の友人・小百合ちゃん フランス、チェコの留学経験を持つ画家。既婚。

お節料理の写真見る?

おお!

色づかいが鮮やかだな!さすが美術系!

赤飯炊いてみて赤飯の持つハレの日オーラを感じたね

小百合ちゃんはよくハレとケの話をしてくる

ハレ(晴)=祭や儀礼などの非日常
ケ(褻)=ふだんの生活、日常
の話である

赤飯の効果は日本人ならではだよね

ハレの日の感覚をしっかり持つと否が応でもめでたいポジティブな日を身を持って認識するからなんか気持ちにメリハリがつくんだと思ったよ

ほうなるほど

思えば実家の母も季節ごとの決まり事をきっちりやる人間であった

そういえば妻もノエルの時はあれやこれや一生懸命やっていた

文化は違えど日本人もフランス人も単調になりがちな生活にこうして変化をつけリズムを作ろうとしているところは同じではないか

自分を振り返ってみるとこの10年何をやってきたかよく思い出せない。ダラーッと延長し続けてきただけだ

反省した

儀礼、風習、慣習、伝統
Rites, mœurs, coutumes et traditions

　12 月はクリスマス、1 月はお正月、2 月はバレンタイン等々、一年のリズムを刻むさまざまな慣例行事を表して、人は「伝統的 traditionnel」「習慣的 habituel」あるいは「慣習的 coutumier」といいます。フランス語はあまりに豊かで、ときには言葉の選択に困ることも。

　たとえば〈mœurs 風習〉はフランスのクリスマスの話をするのに適切とは限らず、〈rite 祭儀〉のほうが単語自体に宗教的な響きが含まれていてしっくりきます。反対に、フランスのお正月はカトリックの意味合いが薄く、新年の迎え方の説明には〈coutume 慣習〉や〈tradition 伝統〉の方が使えます。〈habitude 習慣〉でもいけそうですが、この語はむしろ日常生活で、ほぼ機械的に繰り返される物事を表します（毎朝コーヒーを 1 杯ブラックで飲むのがわたしの習慣です）。

　同様によくお目にかかる〈coutume〉は、ある集団に特有の行動様式を指すのに使われるケースが多い語で、たとえばわたしが生まれた村では、挨拶のキスは 4 回するのがならわしです。その意味で近いのが〈mœurs〉で、集団や社会の生活様態を一般的に示す語です。「日本の風習はフランスとは大いに異なる」とかね。〈mœurs〉はほかにも、特定の個人のふるまい方を表したり、道徳的な意味で（「素行が良い／悪い de bonnes mœurs, de mauvaises mœurs」）使われたりします。フランスの警察には売春斡旋のような反道徳的行為を捜査する部署があり、その名も「風紀取締班 la brigade des mœurs」。古き良き伝統と戦っているわけではないので、ご安心を！

「フランス語の苦悩はつづく」

2016年4月〜2017年3月

3歳になった長男のなおくんが、めきめきとフランス語を身につけていきますね。

　　　前の年に妹のメラニーが遊びに来て、長男がフランス語を話すように
なってから、息子にいいと思うフランス語のゲームや学習機器をいろいろ探して
与えるようになりました（第35話）。歌（シャンソン）の力は大きいですね。子
どもはほんとうに耳がいいと思います。

**この年、じゃんぽ〜るさんは10年ぶりにフランス語教室に通われましたね？　ど
んどん言葉をおぼえていく息子さんからの刺激もあったのでしょうか。**

　　　それもありますが、再びパリのサロン・ド・リーヴルに参加することに
なったので、一念発起しました。いぜん参加した2012年のパリのサロン・ド・
リーヴルはほんとうにいい思い出だったんです。大江健三郎さんと同じタクシー
に乗ったり（第49話）、また他の作家の方たちのトークも聞きに行ったのですが、
それもすごく面白かった。いろんな意味で学びの場でした。その後、私の漫画も
フランス語に訳されたりして、今度こそ読者の人たちとちゃんと話ができたらと
思ったんです。でも漫画にも描いたようにほんとうに苦しかった（笑）。フラン
ス人と結婚しているので、私はフランス語が話せると思っている人もいるような
んですが、全然そんなことはありません。妻が日本語を話せるので、私はいまで
もフランス語ができないんです。「フランス語が話せない」という苦悩は、今後
もずっと続くと思います。外国語の苦悩は、中学で英語を始めて以来30年以上
続いていると言えますが、多分一生続く悩みなんでしょうね……。ただ、連載当
初にはフランス語の音の違和感についても描いていましたが（第8話）、いまは
耳が慣れたというか、「異質な音」という感覚はなくなったということに改めて
気がつきました。サロン・ド・リーヴルでも、一応苦労した甲斐あって楽しく過
ごせたので、結果的に教室に通ってよかったと思っています（第51話）。

　　　夫婦で連載をしている『ふらんす』は語学の雑誌なので、夫はいつもフ
ランス語のわからなさ、できなさをいろいろ描いています。だから読者の人たち
は彼の苦労をよく知っているんですが、夫のほかの漫画の読者の人たちは、彼は
フランス語を話していると思っている人がほんとうに多いみたいなんです。フラ
ンス語ができないからこそ、夫はこの連載で書くネタがあるんだと思います。

大枚 はたいて 週1回80分の
10回コース、マンツーマンの授業に
申し込みました

約15万円。40男の決断でした

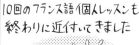

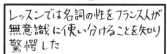

難しさのパラドックス
Le paradoxe de la difficulté

　フランス語の《ne...que》という表現をごぞんじでしょうか。たとえば「フリガナは漢字の読めない子どもや日本語を学ぶ外国人にしか役に立たない」。日本語の「しか〜ない」にあたるこの言い回しは、限られた人や事物だけに当てはまる何かを表すもので、例文だと「漢字を読めない人々」にかかります。この表現には独特の名前があって、いわく「制限的な否定の副詞句」。文法用語としては非常に複雑な呼び名なので、ちょっと聞いたり読んだりしただけでは何のことかと考えこんでしまうフランス人もきっと多いはず。《locution adverbiale de négation restrictive》だなんて、難解すぎてほとんど翻訳不可能に見えます。

　なぜこんな話をするのかって？ わたしが「難しさの逆説」と命名した現象を例証するためです。子どもの頃にフランス語の先生が教えてくれたその日から、わたしは「ne...que とは制限的な否定の副詞句である」と丸覚えしております。忘れることなく記憶に留めていられたのは、まさにそれが記憶不可能だから。何かを覚えるのが大変だと思ったとき、人はたぶん無意識にいつも以上の努力をし、おかげでそれが頭に残るというわけです。

　個人的には、漢字の書き取り練習で似たような経験があります。ぱっと見で簡単だと感じた字は忘れやすく、習い始めに難しく思えた字のほうがすらすら書けるのです。もう一つ例をあげると、日本語の「ほうき」は覚えられないのに、「赤外線」は難なく一発で頭に入りました。今回の教訓：外国語では全てが複雑なのだと思う謙虚さをもちましょう、そのほうがよく覚えられます。

連通管
Les vases communicants

　おやまた妙なタイトル、きっとそう思われたことでしょう——「連通管（通定器）」だなんて。だけどこれ、あれこれ部品を繋いでこしらえたキテレツ表現ではなく、フランス語のごくごく普通の言い回しなのです。どんなときに使うかというと、2つの分量を比べて、一方が増えるともう一方が同じだけ減る、なぜなら全体をおさめる2つの容器が繋がっていて総量は変わらないから、という場合。文字通りの意味はそうなりますが、比喩的な意味、イメージ表現として使われることもあります。

　さて、それが言語と言語の学習にどんな関係があるかって？　えー、答えは簡単です。わたしの脳について論じてみましょう。一方に英語適性、他方に日本語適性がございます。日本語を学び始めてからというもの、ありがたいことに、学びは進歩の一途をたどっております。しかしながら、脳味噌の容量には限界があり、それが収容しうる外国語関連の知識の総量はもはやマックスに達しており、英語力のほうが比例して次第に低下しているのです。英語用と日本語用のそれぞれの容器は、その間を液体が行き来する瓶のようなもので、それがすなわち連通管。一方が満ちれば他方は空に。両者は〈communiquer〉している、というわけですが、ここではこの動詞は「対話する」というよりは「繋がっている」の意味です。

　ちなみに、どうして〈communiquant〉（この形も存在します）ではなく〈communicant〉、〈q〉でなく〈c〉で綴るのかって？　それは「連通管 vases communicants」の〈communicants〉は形容詞であって現在分詞ではないからです。似たような難しさは〈fabricant 製造者〉と〈fabriquant〉（動詞〈fabriquer 作る〉の現在分詞）にも見受けられます……が、とりあえずこちら、わたしの脳の話ではありません。残念ながらわが脳は、何も作ってくれていないようなので。

フランス語っぽい日々 51

Un petit
air de
français
au jour
le jour

juin 2017

約2ヵ月間、週1のフランス語レッスンを受けた後、ついにパリのブックフェア「サロン・ド・リーヴル」に行きました

学習した部分のテキストとノートを復習するためカッターで切って荷物に入れて持って行きました

まあお守りのようなもの

フランスではメディアのインタビュー約10件(苦手です)、講演2件(超苦手)、サイン会約10件(楽しい)をこなしました

妻は通訳→

結論から言うと

勉強してきて良かった…！

と強く思いました

会話の中でのお決まりの返しのフレーズがいくつか言えるようになっただけでもサイン会で会う読者の人達と会話ができましたし

10年来の知り合いに

フランス語上達したね

と言われた時はうれしかった

まだうまく話せないけど…

自分の仏語を英語でいうところの中1レベルにするというのが長らくの目標だったのですが

俺の仏語は中1になったんだ…！

と思えました

あとはフランス人と話をしていて気付いたのが彼らのジェスチャーの多さ

例えば

Cʼest
pas
vrai

こんな顔をしたり

こんなかっこうをしたり

Pourquoi
pas?

こんなしぐさをしたりしながら話すのだ

Cʼest
somptueux

これはフランス語の一部だと思った次はこれもやっていきたい

114

言葉と身振り
Des mots et des gestes

　フランスのことわざに「隣人の目の中の藁は見えても自分の目の中の梁は見えない On voit la paille dans l'œil du voisin mais pas la poutre dans le sien」というのがあります。他人の欠点や特徴は目ざとく見つけておきながら、自分自身のこととなると、そのほうがずっと大事なはずなのに、目に入らないものだという意味。これは本当にその通りだと、最近あらためて実感した出来事がありました。

　日本に来てすぐに気づいたのは、電車の乗客や職場の同僚がよく頭をゆっくり左右に傾げて、首筋をほぐしていること。そんな風にしている同郷人は見たことがありません。フランス人は肩こりの悩みが少ないようです。はたまた、東京の路上では、歩行者用信号が青になるのを待つあいだ、ゴルファーの身ぶりを真似る人がいます。空いた時間にそうやって練習するようコーチに言われたのでしょう。フランスにはゴルフをたしなむ人は多くありません。そして当然目に入ってくる、いかにも日本人的なシルエット ——公共の場で携帯を手に遠方の相手と話しながら、あたかも相手が目の前にいるかのようにふるまい、通話の終わりはお辞儀でごあいさつ。

　ストップ！ 批判はそこまで、とわが夫。「あなたたちフランス人だって、喋りながらどれだけ体を動かしてることか、気違い沙汰でしょ」。ううっ、彼はまちがっていません。テレビに映る自分の姿を目にして、あらゆる方向に振り回される両の手に真っ先にぎょっとしたのはわたし自身でした。弁解するとしたら、論拠はただひとつ。コミュニケーションは言葉だけを介するものではなく、日本語がまだ完璧ではない以上、腕や指を使った身ぶりや、頭や目の動きがあったほうが、言いたいことをより良くわかってもらえると思うんです。ただし、はい、行き過ぎはよろしくありませんね。

フランス語っぽい日々 52

Un petit air de français au jour le jour

juillet 2017

今年4月のフランス滞在中、テレビで仏大統領選候補者11人による討論会をやっていました。フランス全国民が注目している番組です

私の語学力では話の内容はほとんどわからない

4時間の長丁場なのでシャワーに入ったり夕食を摂ったりしながら眺めていました

ルペン デカいな

スラーッ

マクロンは意外と小柄なのか？

左派の女性政治家ってフランスでも似たタイプなんだな

福島瑞穂や辻元清美を思わせるたたずまいだ

みんなスーツなのになんでこのおっさんだけ肌着姿なんだ

レンガ積み職人か！

メランションもいつも変わった服を着ていますネ

本当だ よく見るとスーツじゃない！

作業服？中国の政治家みたいなノリか…？

メランションは手を激しく振りながらルペンを批判したり

フランスの政治家は表現力豊かだな

ルペンに反論されている最中は「何言ってんだ？」「信じられない」という顔を作ったりしていた

見てて飽きない

ルペンは喧嘩相手に笑顔で「Merci, très gentil」などと言っていて皮肉たっぷりだ

底意地の悪い話し方するな〜

田中眞紀子みたい

その後大統領となったマクロンはエリゼ宮での就任式で妻ブリジットと熱いキスを交わしていた

日本の政治家では考えられん！

大統領たちのフランス語
Le français des présidents

　フランスに新たな大統領が誕生しました。エマニュエル・マクロン、30代（少なくともまだあと数か月は）、文科系。教養人（フランソワ・ミッテランがそうであったように）にして、読書と執筆、弁舌を愛し、フランス語を自在に操るさまは非の打ちどころがない、とされる人物です。前任者たちはかならずしもその限りでなかったようですが。

　先代のフランソワ・オランド（2012-2017）は、無意識の言い間違い（大統領職引き継ぎの前、最後の演説でもまたやらかしてくれました）や、不適切な言葉づかいで有名です。迷言は「誰もが自分の性的指向を選択する自由がある」（指向は選ぶものではなく、もともと持っているものです）。

　ニコラ・サルコジ（2007-2012）はというと、「問題が失業であるならば、その解決策は雇用である」といった類の自明の理や、「サラダをくれればルバーブをやるよ」のようなまったく理解不能なフレーズで注目されました。

　さらにその前、ジャック・シラク（1995-2007）は、プライベートでの装飾過剰な言語づかいと、時にややマッチョ……というか日本的な発言で名を馳せました。「私にとっての理想の女性とは、古式ゆかしく、耐え忍び、食卓では男性にかしずき、席を並べたり口を挟んだりは決してしない女だ」とか、「若い頃にやっていれば、私は相撲が取れたかもしれない。身長は十分だし、体重は後付けできるから」とか。

　マクロン大統領は5年の任期中にどんな名句を刻んでゆくことやら。検証は5年後のお楽しみ。

フランス語っぽい日々 53

Un petit
air de
français
au jour
le jour

aoút 2017

フランス在住の日本人漫画家さんが言っていたこと

「こっちの若い子って質問したら何か必ず答えますよね」

「「えー わかんなーい」と言う子はいない」

自分の考えをとうとうと語るフランス人の若者に会うと同年齢の日本人に比べて大人びた印象を受ける

19歳→

よく話すとやっぱり年相応なのだが語る能力高いです

フランスの高校では哲学が必修科目なので物事について深く考え 自分の考えをまとめる訓練ができているのだと思う

町のパン屋さんからサッカー選手まで国民全員が哲学を履修しているのだと思うとすごい国だ

「認識するには観察するだけで十分か?」こんな問いに対する自分の考えを4時間かけて書く

フランスの高校生が皆受けている試験だ

こんなん高3で全員やるの?

ムチャだろフランス…

友人で京都大学に行った秀才がいたがガチガチの理系人間で卒業文集の文章を書くのも死ぬ程嫌がっていた

彼ならこの試験では勝てない

あとは本を全く読まない人間というのも世の中にはザラにいる

卒業

彼らはどうするのか

私だったら点数を稼ぐために付け焼き刃の知識をさも持論のように述べたり姑息な手段に走っていたと思う

中身ゼロでも弁だけは立つ能力を伸ばす

フランスに生まれたら「えー わかんなーい」は許されないのか

厳しい社会だ…

日本なんて政治家でもそれで通用するほどユルいのに

試験の問題には高校生の時に一度深く考えるのも良いと思うものも多く

哲学が身近なものであることは素直にうらやましかたです

118

なぜ、誰と、哲学するのか？
Pourquoi, avec qui philosopher ?

　フランスと日本の教育の違いについて議論をしたことのある日本人は、みんな同じことに驚いていました。それは、フランスの高校には哲学の授業があるということ。「哲学のクラスで何を学べるの？　何の役に立つの？　授業はどんな風に行われるの？」こんな質問をよく受けました。もっとびっくりされたのは、バカロレアでは哲学の課題がこんな感じだと話してみせたとき。たとえば「認識するには観察するだけで十分か」「私が行う権利を有することはすべて正当か」「幸福を見つけるにはそれを探さなければならないか」、さらには「芸術作品は必然的に美しいか」等々。要するに、ほんの数語の単純な質問に、4 時間をかけて 3 ～ 4 ページの答案を出さなければならないのです。机の上には白い紙とペンと時計だけ。書籍の持ち込みはもちろん一切禁止、スマートフォンなんてもってのほか。それはつまり、想像力だけではなく、知識を持っていないと駄目だということ。大事なのは、個人の主観的な論拠を並べたてることではなくて、偉大な哲学者たちの著作に基づきながら「テーゼ（命題）thèse」－「アンチテーゼ（反対命題）antithèse」－「ジンテーゼ（総合命題）synthèse」の論法に則って論じることなのです。複雑な営みだし、日本の高校生には無理だと思えるかもしれないけど、すごく面白い。

　ここから先の考え方は人それぞれ。ヴィクトル・ユゴーと一緒に、哲学（古代ギリシア語で「知を愛する」を意味する語）は「その結果として人間をより良くせねばならない」と考えるもよし。あるいは逆に、ギュスタヴ・フロベールにならって「哲学、常にそれをあざ笑うべし」と思ったって、いいのです。

フランス語っぽい日々 ⑤④

Un petit air de français au jour le jour

septembre 2017

1992年頃のこと
バイト先の後輩が言った

西さん ベティ・ブルー 観ましたか？　20さい

ううん
まだ

すごいっスよ

あれこそ究極の愛って感じで！

80年代から90年代を中心に日本ではフランス映画ブームが確かにあった

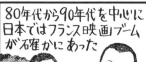

私の周囲は皆「グラン・ブルー」を観ていたしジャン・レノはテレビCM出演してお茶の間にも浸透していた

ただし当時の若者はそれがフランス映画だから観ていたわけではなく

それが美しくカッコ良くオシャレな映画だから観ていたのだと思う

私もタランティーノやダニー・ボイルを観るのと同じ感覚でレオス・カラックスの二本立てを観に行った

一人で一日中二本立てを二巡観る死ぬ程ヒマな学生

今観直すとカラックスの映画は大衆向けの純愛ストーリーではなくかなりキワモノっぽい

ホームレスがエゴ全開で殴り合う話だ

でも当時は映画マニアでもない普通の日本の若者がそれを「恋愛の教科書」であるかのごとく

映画館に列をなして観に行っていたのだ

私もご多分にもれず後輩のすすめに従ってベティ・ブルーを観て

ところかまわずベアトリス・ダルのおっぱいをもむジャン＝ユーグ・アングラードの姿から学びを得ていた

ところがその後 香港映画ブームやら韓国映画ブームやらがガチャガチャやって来るうちにフランス映画はすっかり鳴りをひそめてしまった

私も新作を観なくなって久しかった

2012年にフランス人と結婚して妻のすすめでちょいちょい観るようになった

そしたらこれがめっぽう面白いのである！

なんだ！フランス映画 全然パワー落ちてなかったんだ！

面白いぞフランス映画！どーなってんだ

昨今の日本の状況をとてももったいないと思います

スクリーンに映る真実
La vérité sur grand écran

　「写真は真実だ。そして映画は毎秒 24 回の真実だ La photographie, c'est la vérité, et le cinéma, c'est vingt-quatre fois la vérité par seconde」とはジャン゠リュック・ゴダールの言葉。そして彼はたぶんすごく正しい。音楽と文学は別として、文化の本質を伝えるのに映画にまさる手段があるでしょうか？

　国境を超えたとき、映画はいっそう見るものの心を豊かにし、教えや感動、そして気晴らしを与えてくれもします。もちろんすべての映画が等価ではないし、文化を拡散する力を同じように持っているわけでもありません。だけど、どんな作品にも、たとえそれが駄作（フランス語では水っぽさから「蕪 navet」と呼ばれます）だったとしても、なにかしら学ぶべきこと、読み取るべきことはあります。おそらく次のジャン・ルノワールの言葉も、そのことを要約しています。「映画の技法とは、意表をつこうとするばかりの物語を語ってみせることではなく、人間の真実に迫ることにある」。

　フランス人が河瀬直美や是枝裕和、北野武、小津安二郎の映画をあんなに好むのは、作品のなかに——少なくとも部分的には——日本人の感受性、日本の社会、日本の文化の真実を、見ているからです。逆にまた、日本人がフランスの偉大な監督や名優たちをあれほど評価するのも、彼らの作品と演技を通して、フランスとフランス人が映し出されているように見えるからなのです。だからこそ、映画が国を超えて旅をしつづけることが大切です。昨日の映画が示すのは昨日の真実であって、今日の真実ではありません。フランス映画の近作、新進監督や若手俳優も日本で紹介しないといけないし、日本映画の作品だってフランスに届いてほしい。そして、映画の伝える真実にさらに迫っていくためには、オリジナルの言語で見て、理解するのがいちばん。日本人がフランス語を、フランス人が日本語を、学ぶ動機がまたひとつ増えますね。

フランス語っぽい日々 ⑤

Un petit air de français au jour le jour

octobre 2017

フランス人は有機食品(ビオ)にこだわる人が多いです

パリの日本食品スーパーで成分表示を真剣に見る人達

知り合いのジョゼフィーヌもそんな自然派のフランス人でいつも有機野菜やハーブを持っています

貴族の末裔

フランス・ブルゴーニュ地方に滞在していた時のこと

ぷちっ
ぷちっ
ぷちっ

はい
お花

おう
ありがとう

ティアン
Tiens,
ユヌ フルー
une fleur

メルシー
Merci!

モリ モリ
モリッ

え?

ウサギか?

おいしいわよ
あなたも食べてみたら?

モグモグ

草の味がした

ジョゼフィーヌは子ども好きだから子どもを驚かせようとしてわざとタンポポを食べてみせたのかな?

と思ってたら

その後も会う度にそこらに生えている野草を食べていた

モグモグ

本当にそういう人だったんだ…

後で知ったのですがタンポポはハーブの一種で肝臓のデトックスに良いらしいです

Pissenlit

おいしい、でも見た目はイマイチな「ビオ」ブーム
Boom du bio bon mais pas beau

　わたしが生まれ育ったのはブルゴーニュ地方の真ん中。景色はわりと北海道に近いです。そんなフランス人にとって、日本、それもコンクリートの巨大都市・東京に来ることは、ショックではなくても、自然について、またさまざまな文明が自然に対して向ける視線について、考える機会になりました。

　気づいたことはいくつもあります。日本人は根に持つ性質でないこと。自然は彼らに容赦しない（地震、台風、津波、火山の噴火、土砂崩れ）のに、彼らはたえず自然を愛し、称えていること（祝祭日や神道の儀式、季節を祝う料理などを通じて）。でもそのいっぽうで、日本人は自然を荒らしてもいます。田舎の小さな村に醜悪な外観、どぎつい色合いのラブホテルやパチンコ屋を建てたり、またそうした村に巨大な広告看板や自動販売機をこれみよがしに設置したり。フランスでは、気高い自然をそこまで寿ぐことはしないけれど、都市計画のほうはもっと厳しく規制されています。

　日本での大きな喜びのひとつは、見た目も味も素晴らしい新鮮な果物や野菜を買うことです。20年前にパリのスーパーで見ていたみすぼらしくて味もさえないのとは大違い。ただし日本の生鮮食品は値段が高いです。いっぽう、最近フランスに帰って目の当たりにしたのは、大規模な社会現象でした。友人はみんな果物も野菜も「ビオ bio」一辺倒。農薬や化学製品を使用せずに栽培されたものです。たしかに味も良くて健康にも害がありません。ただしビオのものは見た目がよろしくない。こうして浮かんだ疑問――日本のリンゴや桃、イチゴ、ズッキーニ、トマトなどは、どんな風に育てられているのでしょうか。

フランス語っぽい日々 56

Un petit air de français au jour le jour

novembre 2017

10年程前パリに滞在していた頃

アルバイト先の日系スーパーに両親が日本人でフランス生まれフランス育ちの少年が職業体験にやってきた

じゅんいちとかこうじとかいた日本名の子でかわいらしい子だった

その子は日本語があまり話せなかった

ナイ
コレ

私はびっくりした

またある時 市内の日系企業に配達に行くと日本人の男性が対応してくれた

その紳士も日本語が片言だったのでイメージのギャップにびっくりした
今思えば彼はフランス人だったのだが当時の私には初めて遭遇する事だった

コッチ
ドゾ

日本にルーツを持ち、母語がフランス語という人達にその後もたくさん会った

日系スーパーはそういう場所だった

日本語を話す人と話さない人の両方がいるのが興味深く、育った環境や考え方を聞くのが面白かった

父が日本人の和食シェフ、母がフランス人の青年がいて彼は日本語をほぼ全く話せなかったので

お父さんとどうやって話してるの？

英語
と聞くと

父は完璧なフランス語を話すから全然問題ない

↑
フランス語

とあまりにも明朗に言い切られたので納得した

また別パターンで生粋のフランス人で大学から日本語を学び、2,3年で流暢になった人達にも会った

↑
ニッポノフォン
nipponophone

漢字？簡単だよ
常用漢字は約2100個しかないからね

生まれた年？
昭和57年です

彼らも面白い人達だった

異邦の奇異なフランス語
L'étrange français de l'étranger

　とても不思議な感覚でした。パリで飛行機に搭乗して、12 時間後に東京でトランジット、そこからさらに空路を 9 時間、たどり着いた目的地は世界の果て。自分の国からは遥かに遠く、それなのにすべての人が……フランス語を話しているのです。ヌメアでのことでした。

　ニューカレドニアでは会話も出版もモリエールの言語で行われます。北部州にあるポワンディミエの叢林地帯で開催されたサロン・ド・リーブル（ブックフェア）で、訪れる多くの子どもたちが現地のことばとフランス語とで自分の思いを表現するさまは、見ていて幸せでした。そこでひっきりなしに聞こえてくる、けれどもフランスでは耳慣れない単語が「本国 métropole」。そう、ニューカレドニアに住む人々は、フランスのことを話すとき「本国」と呼び習わしているのです。

　体験談をもうひとつ。東京で朝の 3 時に起き出して、電話を取り、昼ひなかのラジオ・カナダでフランス語の番組に参加しました。モントリオールの司会者たちとの会話は、フランス人にとっては時にチャレンジング。それというのも我らが友、ケベックのフランス語話者には、非常に独特な強いなまりだけでなく、彼ら自身で創作した語彙を使うことがあるのです。なかには英語の侵攻に対抗して、フランス語を擁護する目的で作られた単語も。とっても素敵な〈courriel 電子メール〉もそのひとつ。

　そして、日本のこと。雑誌『ふらんす』の愛読者のような、フランスびいき、フランス語話者の日本人と出会う機会が多々あることも驚きのひとつです。この雑誌の長寿もまた、英語が支配的な世界のなかで、フランコフォニーがもつ力を証明しています。

フランス語っぽい日々 57

Un petit air de français au jour le jour

décembre 2017

自分達と同じ日仏夫婦に会うといつも話題になるのは子ども達のバイリンガル教育についてです

日本語塾に通わせはじめたわ。人気のあるところはすぐいっぱいになっちゃうの!

フランスにて

子どもが中学生になったら「フランス語はもうやらない!」と言って毎日が戦いよ

日本にて

親も子どもも大変そうである

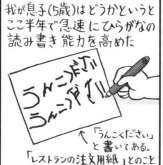

我が息子(5歳)はどうかというとここ半年で急速にひらがなの読み書き能力を高めた

← 「うんこください」と書いてある。「レストランの注文用紙」とのこと

何も教えなくても本人が勝手におもちゃを使って学習していたのだ

うんことおし ことおなら

ひらがなを打ちこんで再生するおもちゃ

フランス人の妻はそんな息子の姿を見ていつも喜んでいる

スバラシイ

反面、息子はフランス語は忘れていっているように見える

そのへんどう思ってんの?

不安じゃないの?

フランス語も本人が楽しんで学んでいければ良いと思ってます

へえ 余裕あるな

いつもバイリンガル教育を気にしているわたくし

そんな折カズオ・イシグロのノーベル文学賞受賞のニュースを知った

私の日本語は5歳レベルで止まってしまいました

バイリンガルじゃなくてめっちゃ成功者

え・・・?

どうすればいいの?

※ 2001年来日時のインタビューでの発言より

イシグロ、なぜカタカナ？
Ishiguro en katakana, pourquoi ?

　10月5日木曜日、日本時間20時ちょうど、ノーベル文学賞の受賞者が発表されました。同じ時刻、わたしはフランス通信社（AFP）オフィスの自席で待機中。村上春樹のアシスタントと近作2冊を担当した各編集者の電話番号もリストを用意済み。『海辺のカフカ』、『1Q84』、『アンダーグラウンド』ほか多くの作品を著した作家について、紹介文も前もって書いてありました。今年の受賞にそなえた準備は万端だったのです。ところが！　カズオ・イシグロの名前を耳にしたときには、すっかり気が動転。「え？　聞き覚えのない日本人？　どうしよう？　誰に電話したらいいの？」その後すぐ、彼がイギリス国籍で、受賞の反応はロンドンのAFP通信がとりまとめるとわかりました。

　とはいえ日本で生まれた人物、興味は尽きません。この「日系人」を褒めそやす日本のニュース番組も見ました。そして芽生えた疑問——日本で生まれ、名前も完全に日本語の響きなのに、どうして外国の苗字みたいにカタカナで書くのでしょう？　確認したところ、英語から日本語に訳され日本で出版された彼の作品には実際どれもカタカナでカズオ・イシグロの名が記されています。つまりそれは作家自身、または出版社の判断ということ。ともあれ、漢字を使わないのに驚いた、とTwitterでつぶやいてみました。そのツイートが拙かったこともあるのでしょうが、「日系人について無知」だと罵倒されました。国籍が違うのだからもう日本人ではない、日系人の名前をカタカナで書くのはロジックだ、というのが誹謗する人たちの主張。でも、そこまで愚かな質問でもなかったような……たとえば日本で生まれたアメリカ人、ノーベル物理学賞を受賞した南部陽一郎の名前を日本では漢字で書く、といった前例もありますよね。

フランス語っぽい日々 58

Un petit air de français au jour le jour

janvier 2018

突然ですが実は最近妻が出産しました

出産前日、執刀医が説明に現れた。若い女性だった

ゆ着胎盤の場合があります。開いてみないとわかりません

そうだった場合、大量出血のリスクがあります

子宮からの出血が止まらなかった場合 母親の命を守るためにやむをえず子宮を摘出しなければいけないことがあります。まれですが

私は急に恐ろしくなってきた

妻が死ぬリスクが全くないとは言えない

出産はやはり命がけなのである

明日は西さんの前に難しい出産の方が入っているので西さんの手術の時間はまだわかりません

その方も先生が執刀するんですか?先生は連続して手術するんですか?

？

そうですよ？

なんてエラい人なんだろう…

その後 説明に病室を訪れた麻酔医、助産師...登場する人々は全て女性だった

妻が出演しているテレビ番組のスタッフが撮影に来ていて彼らも全員女性だった

撮影が入るなら自分のメイクやり直しとけば良かったわー

ワハハ

妻はリラックスしていた

赤ちゃんに会えるのが楽しみデスネ

私はその夜緊張で眠れなかった

女性の地位について
De la condition féminine

　ここ数か月、メディアを賑わせたスキャンダルが、ハーヴェイ・ワインスタイン事件。ハリウッド映画界の大立者が度重なる性的暴行で告発され、名声も今や地に墜ちました。ですがその反響はフランスと日本ではだいぶ異なります。フランスでは、事件を受けて、同種の行為を糾弾する有名無名の女性たちによる一大ムーブメントが生まれました。日本ではそこまでには至っていないような。ですがそうしたフランスの女性たちも、これまでは全員沈黙を守っていたわけで、「フランス女性は強い」という一般的なイメージからすれば、かえって意外に映るかもしれません。

　この手のスキャンダルは、かつてマルグリット・ユルスナールがそうしたように、あらためて女性の地位について考える機会を与えてくれます。ユルスナールは、フェミニストたちが男性をライバル視し、男性の身分を到達すべき理想とみなすことにいらだちを示しました＊。「世の女性がおかれた嘆かわしい状況を取り上げ、父権制とその大義に対して政治の介入が足りないと糾弾する記事」を展開しながら、次のページでは「化粧品、水着、ハイヒール、下着……つまりは性的対象としての女性に不可欠な装飾品の広告」を掲載する女性誌の矛盾も指摘しました。状況は今も変わらないまま。ユルスナールはまた「女性解放の夢が、男性のようにヒエラルキーの上位に登ることと同一視されすぎている。それは労働という檻に人を閉じ込めるようなものだ」と語気を荒げたことも。このように表明された立場が、俗にいう今のフェミニストにはかならずしもあてはまらなくても、彼女は現代の被害者女性たちの告発を当然のこととして支持し、励ましてくれたにちがいありません。

＊ 1981 年のテレビでのインタビュー

フランス語っぽい日々 59

Un petit air de français au jour le jour

février 2018

フランス語で車は

la　voiture
une

女性形の名詞（フェミナン）

トラックは

le　camion
un

男性形の名詞（マスキュラン）

車とトラックが両方あると

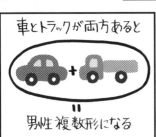

男性複数形になる

例 La voiture et le camion sont beaux.

これは男性優遇でフェアではないと異を唱える人々がいてフランス語の文法を変えようと議論になっているらしい

例えば 1万台の車

と
1台のトラック

であっても いつも男性形にするのは おかしいと。

これは感覚として理解できるし女の人が「なんとなく気分が悪い」と感じるのもわかります

そこで提案された 解決策のひとつは主語の名詞が男性・女性両方ある時は動詞に近い方の名詞の性に合わせる、というもの

La voiture et le camion sont beaux.
Le camion et la voiture sont belles.

ややこしい！！

フランス人の妻もそうした文法の改正の動きに否定的だ

私は「男性形」「女性形」という呼び方自体を変えたらいいと思う

男女差別につながらない呼称、例えば「赤と青」「白と黒」「北と南」「火と水」「塩と砂糖」「山田と鈴木」などなど…

俺の案！どう？

・・・

ズボン逆ですよ

全く関心がなさそうだった

インクルーシブ書法
L'écriture inclusive

　親愛なる読者のみなさま。ここ数か月フランスで熾烈を極めてきたひとつの議論、それは他でもない、みなさんに関わるものです。フランス人を分断する議論の争点は、そう、フランス語の構造そのものと、文法そしてつづり字。問題の「インクルーシブ書法」とは、言語が文法上の女性と男性の扱いを等しく考慮に入れるべきだとし、そのことで社会における男女平等のさらなる推進を目指す、晦渋な表現方法のことです。インクルーシブ書法の主要原則とは、

1. 女性について語るとき、役職／職業／肩書を女性形で一致させる。〈autrice 女性作家〉、〈pompière 女性消防士〉など、必要なら新しい語を創造する。

2. 複数形では、男性形が女性形の優位に立って両方の性を包括するのではなく、その都度「中点 point médian」という固有の記号を使って各々の性を記述する。たとえば〈les électeur·rice·s 有権者〉、〈les citoyen·ne·s 市民〉など。

　その結果、形容詞と過去分詞の性数一致も再検討の対象になってきます。最大の反発を招いたのがこの2番目の規則で、その理由はみなさんもすぐにおわかりでしょう。そんな風に書かれた語を、どうやって発音すればいいのやら。さっぱりわかりません。そう、わたしも断固反対です。でないと今回の最初のフレーズ「親愛なる読者のみなさま」も《cher·ère·s lecteur·rice·s》になっていたわけで……何はともあれ、男性複数形で《chers lecteurs》と書いてはいても、わたしは性別とは関係なく、みなさん全員に呼びかけているんですよ。

フランス語 っぽい日々 ⑥⓪

Un petit air de français au jour le jour

mars 2018

私が学生の頃 後輩でおおむろ君というのがいた

筋肉ムキムキでブレイクダンスをやってるイケてる男

彼にブレイクダンスを教えてもらった時のこと

この動き やばい でしょ

やばい？

西さん「やばい」ってすごくいいって意味にも使うんですよ！

何ソレ？

例えばクラブに行ってすごくかわいい娘がいたら仲間と「あの女やばいぜ！」って言うんです

そうなの？

本来否定的な意味で使う「やばい」を逆の意味で使うことを知った瞬間でした

若者カルチャーか...

94年の夏でした

今では「やばい」はかなり広い意味をカバーしています

おいしい	まずい
すごい	ひどい
かっこいい	かっこわるい
すてき	にあわない
かわいい	かわいくない
面白い	全然面白くない

もう何でもありです

前後の会話によって「やばい」の意味を仲間内で使い分けるのは楽しいと思いますが 同時に若者の語彙力の低下が著しいのではないだろうか

やばい　キモい　エモい

子どものためにも家の中では乱暴な言葉や若者言葉は使わないようにしたいね

ソウデスネ

Merde！(クソ) ← メールド

送った書類に記入もれが見つかった

Ah! Meeeerde ← アー メールド

やべーっ！こんな時間だ！保育園遅刻する！！

やべーっ！

Merde！ ← メールド

やべーっ！

意味の方向転換
Détournement de sens

　ソーシャルネットワークでの投稿は、すぐれた小説やエッセイの読書体験にはかなわないのが世の常ですが、利点もあります。SNS のプラットフォームでは、格段にアクティブな若者世代の言語を知ることができるのです。よく見かける現象が言葉の意味の転換で、ときには途方に暮れてしまうようなものも。

　元々はきわめて否定的な意味だった表現が肯定的に使われることがあります。たとえば《ce gâteau est une tuerie（このケーキは殺戮だ＝たいへん美味しい、の意)》とか、《ce gâteau tue（このケーキは殺す)》とか。ケーキは人を殺しません。おいしいだけなんです。

　同じ調子で前の世代は《c'est mortel（致命的だ)》、《c'est terrible（ひどい)》などと言っていましたが、こちらも比喩的な意味で何かが素晴らしいことを表します。その他よく耳にするのが《ça déchire（引き裂く)》。本来は激しい苦痛を与えるという意味の表現だったはずが、同じく比喩的に「とても良い、すごく美味しい、天才的だ」の意で使われます。若者言葉ではほかにも《déclassé（地位の下がった、降格した)》が「秀でた、抜きん出た」と正反対の意味になったり、《c'est trop stylé（型通りすぎる)》、《c'est frais（冷たい、新鮮な)》や《c'est lourd（重い)》が「素晴らしい」ことを表したりします。外国人に見当がつくかどうかは定かでありませんが、意味の転換や転覆の現象は、あらゆる言語で存在します。日本語にもありますよね、「やばい」っていうのが。

「次男誕生！」
2017年4月〜2018年3月

ついに次男誕生。ご家族が増えました（第58話）。

子どもがふたりになって、家庭のなかでフランス語が増えるかと最初は期待しましたが、長男はまたすっかり忘れてしまったようにフランス語を話さなくなりました。まわりにフランス人の友だちもいませんし、やはりフランス語がわかるとこのお友だちと遊べるとか、このアニメが見られるようになるとか、そういうフランス語を学ぶモチベーションが必要ですね。息子たちにはことばを教えるだけでなく、フランスの文化や歴史など、フランスの魅力をできるだけ伝えるよう努めています。男の子たちにはフランスの中世が人気があります。フランスの料理もなるべく伝えるようにしています。長男にも次男にも、いまはフランス語に関心がなくても、フランスという国の文化が魅力的だと感じてもらえるようにと願っています。

でも結局いまでは子ども同士のあいだも日本語になってしまいました。次男が生まれてからは、家庭内はすっかり日本語環境です。フランスに行けば違うんですけどね。

そう、行けば違います。親せきや友人の子どもたちと一緒に遊ぶなかで、フランス語で話したい、伝えたいというモチベーションが自然に生まれますから。

じゃんぽ〜るさんはお子さんたちがフランス語も話せるようになるのかとても心配されていますが、カリンさんが余裕があるようにみえます。

やはり、日本のいまの環境ではむりなんです。息子にはフランス語が話せるメリットがないですから。彼は、わたしが外でフランス語で話しかけるのも嫌がるというか恥ずかしがるんです。周りも「このお母さん、いったい何を言っているんだろう」という目で見ますから、わたしも結局日本語で話した方が気が楽というのもあります。フランスに半年行けば、きっとすぐ話すようになると思いますが、いまは嫌いにならないように楽しんで接してくれたら、と思います。それよりも、日々息子が日本語を身につけていく様子に感動しています。息子に教えられるように、わたしも常用漢字をちゃんと手で書けるようにしておかないといけません。

フランス語っぽい日々 ⑥

Un petit
air de
français
au jour
le jour

avril 2018

文法的に間違うのが 恥ずかしく フランス語を 話したり 書いたりするのを おっくうに感じることがあります

「バカと思われたくない」という見栄や「本気を出せば本当はもっとできるのだ」という根拠のないプライドが邪魔をするのです

自意識

4年前のこと

西さん AV女優の 蒼井そら 知ってますか?

マンガ編集者 ← ええ

彼女は自分のツイッターフォロワーに中国人のファンが多いことを知るとなんと中国語のツイートを始めたんですよ

へえ 中国語できるんですか?

いえ 全然

翻訳ソフトを 使って ツイートしたんですよ

間違いだらけの 中国語で

でもそれが中国のファンの心に届いてフォロワーが爆発的に増えていったんですよ ※

そして中国語も上達していったんです

すごい!

そういえば自分のフォロワーの中にもフランス人読者が数十人いる。彼らが楽しめるツイートをした方が良いな

私はフランス語でツイートすることを自分に課すことにした

変わりたい!

間違いをおそれてはいけない!

※中国版ツイッターといわれる微博(ウェイボー)で2018年現在フォロワー1800万人

日々感じたことをつぶやいていった...

Les sandwichs de LAWSON sont salés.

Le thé Chiran est délicieux.

Poisson cru de Tahiti, C'était bon!

C'est ce soir très chaud à Tokyo.

クスクス

私のツイートを見たフランス人の妻が笑い 喜々として74人のフランス人フォロワーにリツイートした

正しくは

Il fait très chaud ce soir à Tokyo.

らしい

一気に恥ずかしくなって仏語ツイートはやめました。でもまた気が向いたらやりたいです

安心して、がんばって！
Rassurez-vous et bon courage

　《je suis **sur** Paris（パリにいる）》、《je vais **au** coiffeur（床屋へ行く）》、《je roule **en** vélo（自転車に乗る）》、《la mère **à** Julie（ジュリーの母親）》、《**malgré que** ce soit（〜であるにもかかわらず）》、《des pommes, des fraises **et autres poires**（リンゴ、イチゴ、その他梨など）》。これらの表現の共通点は何でしょう？ 答えは、どれも文法的に誤っているということ。ところが「モリエールの言語」の精妙さを知り尽くしているはずのフランス人が、こうした言い回しをどれも頻繁に使っています。正確には《je suis **à** Paris》（「上に」いるのではありません）、《je vais **chez le** coiffeur》、《je roule **à** vélo》（自転車の中に乗り込むわけではないので）、《la mère **de** Julie》、《**bien que** ce soit》（malgré que は《malgré que ＋主語＋動詞 avoir の接続法》という形でしか使われません）、《des pommes, des fraises, des poires **et autres fruits**》（「その他の果物」のように、autres の後には、前述されたものをすべて含める、総称的な語を置かねばなりません）。

　使う機会もないかもしれないこんな面倒な言語的難問を、どうして突然持ち出すのかって？ それはただただ、みなさんに勇気を出してほしいからです。新学年で初めてフランス語学習に乗り出す人も、何年も前からこの労苦に身を委ねている人も、ミスをしたってご安心あれ。フランスやフランス語圏の国々のネイティブだって間違います。なお、上に挙げた表現のうち正確な方しか覚えられないという方は、わが同胞から学識豊かな人として評価されることうけあいです。がんばってください！

フランス語っぽい日々 ⑥

Un petit air de français au jour le jour

mai 2018

私には97になる祖母がおります

← 介護つきホームに入居している

ここ1年ほどは私のことは誰なのか認識がぼんやりとしてきたようですが

あんたそっくりやな

ボヤ〜

誰に？

私のフランス人の妻のことは絶対に忘れないのです

カレンさん（妻のこと）外人やけど全然そんな風に思わへん

同じように通じるな

世代的に外人という謙を使うが他意はない

5年前に私の妻と初めて会った時に日本語でいろいろ話せたことが楽しかったらしくいつもその話をします

92歳スバラシイデスネ

女優さんみたいや

妻は全然女優みたいなタイプではないが欧米人と接したことのない祖母にとってはそうなのでした

今年になって祖母は肺炎になりましたもう危ないかもしれない。私達家族はお見舞いに行った

お母さんカレンさんやで！

まだ4ヵ月の次男とはこの時が初対面だ

泣くなよ…

うー

うー

かわいいねえ

テュム フェ アン スリール
Tu me fais un sourire?

お母さん

フランス語でカレンさんが言ってんねんよ今

祖母のコンディションは日々変わるので不安だったが祖母は喜んでくれてとてもしっかりしており私のこともちゃんとわかってくれた

すごい！

言葉がなくとも心に通じる赤ちゃんのパワーを感じました

お前今回いい仕事したなあ！

言葉なきコミュニケーション
Communication sans mot

　探し方が足りないのかもしれませんが、フランス語の〈communication〉と同じ価値をもつ日本語の言葉としては、英語をカタカナで書き写した「コミュニケーション」しか見かけたことがありません。

　実のところ〈communication〉という語は、とても美しい言葉です。語源は「共用にする、分かち合う」ことを意味するラテン語の〈*communicare*〉。この定義は今のフランス語にも脈々と受け継がれています。とはいえ、ほかの多くの言葉と同様、この単語はとても多様な、複数の意味をカバーしています。例を 2 つ挙げると、専門家が学会などの会議で専門の人々やグループを相手に行う発表のことも〈communication〉といいます。人物や企業のイメージを促進する広報・渉外を表す語もまた〈communication〉。要するに、コミュニケーションとは広漠なテーマなのです。

　生後 4 か月の息子が 97 歳の曽祖母と一緒にいるのを見ていると、「コミュニケーション」がどれほど話し言葉を超えたものであるか、ひしひしと感じます。二人が交わしているのはもちろん言葉ではなくて、視線や、身ぶりや、ほほえみだけ。でもそうやってこの赤ん坊は、大人たちの発するどんな言葉よりも上手にやってのけます——ひいおばあちゃんにエネルギーを〈communiquer〉して、若返らせてしまうのです。

フランス語っぽい日々 ⑥

Un petit
air de
français
au jour
le jour

juin 2018

ルネ・クレマン監督「太陽がいっぱい」Plein Soleil (1960)。今回はこの映画の名ゼリフを紹介します

金持ちのボンボン、フィリップと貧しい青年トム（アラン・ドロン）は冗談を交わし合う友人同士だがその実、道楽息子と使用人という関係である

前半、フィリップの度を越したパワハラがトムを苦しめます

食べ方が下品だと侮辱する

ヨットの中でこれ見よがしにカノジョとセックス

ボートに乗せて海に放逐

トムがフィリップを殺した後も数々の困難がトムを襲う

死体を捨てる時、溺れかける

口まじのため殺人

死体運び

がんばれトム！

その全てをトムは努力と機転で切り抜けていく

シャシャシャ

偽造サインの猛練習

いいぞ！

物語終末近く。金も女も全て手に入れたトムが一言

太陽がいっぱいで最高の気分だ

タイトルのフレーズが出てくるのもあいまって観客にカタルシスをもたらす見事な名ゼリフだ

アアア

今回 フランス人の妻に頼んでセリフをフランス語に書き起こしてもらった。すると…

C'est le soleil qui tape,
mais à part ça, je ne me
suis jamais senti aussi bien.

"太陽がきつすぎるけど、それをのぞけば最高に気分がいい"

なんと「太陽がいっぱいで最高」ではなく「太陽がいっぱいだけど最高」だったのだ！

逆だったのかよ！

これなら意訳の方がいいではないか！

衝撃でした

フランス映画の「カルト」な台詞
Répliques « cultes » au cinéma

　5月のフランスといえばカンヌ映画祭、そして6月の日本といえば、フランス映画祭。フランス語の映画を見ることは、モリエールの言語が年月を経てどんな変遷をたどってきたかを分析する機会にもなります。50 〜 60 年代の映画と最近の長編作とでは言葉にかなりの違いがありますが、どんな時代の映画でも、心に残るのは強烈な、忘れがたい、いわゆる「カルト」な名台詞たち。世代を超えて語り継がれ、お酒の入った夜の集いで面白おかしく引用するのがみんな大好きです。フランス人の多くは、以下のフレーズの出典が何の映画かわかります。

　「海が嫌いなら、山が嫌いなら、都会が嫌いなら、勝手にしやがれ si vous n'aimez pas la mer, si vous n'aimez pas la montagne, si vous n'aimez pas la ville... allez vous faire foutre」（ジャン゠リュック・ゴダール『勝手にしやがれ』）、「おいしい、とってもおいしい、食欲なくても食べちゃうわ c'est fin, c'est très fin, ça se mange sans faim」（ジャン゠マリー・ポワレ『サンタクロースはゲス野郎』）、「今日は月曜、ラビオリよ c'est lundi, c'est raviolis」（エティエンヌ・シャティリエ『人生は長く静かな河』）、さらには「頭がいいってのはどうしようもなく疲れるな c'est cruellement fatiguant d'être intelligent」（フランシス・ヴェベール『奇人たちの晩餐会』）。

　おしまいに、使われている単語はごく単純なのに、もっとも哲学的で、たぶんフランス人にとっても難解なフレーズを。「今日何が起きているのか誰も知らない、なぜなら誰も何かが起きるのを望んでいないから。実際には、人は起きていることを決して知らず、ただ何に起きてほしいのかを知っているだけ。そんなふうにして物事が到来する Personne ne sait ce qu'il se passe aujourd'hui parce que personne ne veut qu'il se passe quelque chose. En réalité on ne sait jamais ce qu'il se passe, on sait simplement ce qu'on veut qu'il se passe et c'est comme cela que les choses arrivent. 」（フィリップ・ガレル『自由、夜』）。

　カルトな台詞、フランス語で覚えてください。きっと役に立つから！

フランス語っぽい日々 64

Un petit air de français au jour le jour

juillet 2018

4歳後半からの息子の文字への学習意欲はすさまじく

5歳の今では部屋中がひらがなを書いた「作品」だらけになったのであります

どうぶつ / ぐるぐる / いるか / たつのおとしご / カドカリ / タコ / くらげ / えび / さかな / こい / うなぎ / くらげ / にちようび / 犬あざ / たいし / いそあし / めんきんちゃく / かに

ひらがなは発音をそのまま文字にできるので息子は自分の知っている言葉や歌を文字に書き起こすのが楽しくて止まらなくなっているのです

でも今のところフランス語は全然書こうとしません

フランス語で書くのは難しいから

私はフランス人の妻と日常的にメールのやりとりをしています。私はフランス語はできないので日本語でします

ただし結びの謹だけはフランス語となっている

tendres caresses

これは最大級の愛情を示す言葉らしい

フランス人相手に日本語メールを強いてるわけだし結びくらいは面倒がらずにフランス語で返さないと悪い気がしますのでおうむ返しにこれを返しています

綴りをいつも忘れてしまうので

え〜と…テンドレスカレッセス

と心の中でこっそりローマ字読みを唱えながら書きます

パリの地下鉄で駅名を一生懸命読んでいたフランス人の坊やが

Havre - Caumartin

ア…ヴ…ル…カ…ウ…

と言ってるのを見てびっくりしたことがあります

俺と同じローマ字読みしてる！

ネイティブでも最初は読めないんや！

大ショック

というわけで幼児にとっての読み書きの入り口はフランス語の方がハードルが高いと感じてます

大丈夫かなあ…

つづりと発音
Écrire et prononcer

　画家のレオナール・フジタこと藤田嗣治（つぐはる）は正解でした。フランスで自分の名前が不正確に呼ばれるのが嫌なら、Fujita の u の字の前に o をつけたほうがいいのです。Foujita と書けば、フランス人も「ユ（u［y］）」ではなく「ウ（ou［u］）」と発音します。一万円札でおなじみの福沢諭吉の苗字も同じ。アルファベットで記された資料では Foukouzawa とつづられています。

　日本で子どもがひらがなを読めるようになるスピードを見るにつけ、アルファベットの場合は逆につづりと発音を結びつける難しさがあるのだとわかってきました。並置された 2 つの文字でも、フランス語と英語とでは読み方が異なり、しかもフランス語では同じ発音になる複数のつづり方が存在します。たとえば「オ［o］」の音は、〈vélo 自転車〉では o と書き、〈berceau ゆりかご〉では eau、〈journaux 新聞〉では aux。〈berceau〉の c の字は［s］と発音されますが、a、o、u の前に置いた c の字は、〈camion トラック〉のように［k］の音になります。つづりとはほぼ無関係に発音される名前も存在し、たとえば貴族の〈Broglie〉家。「ブロイ」（［brœj］または［brɔj］）と発音します。

　ひらがなでは、それぞれの字に発音は 1 つだけ。「お」と「を」、「わ」と「は」を別にすれば、ある字が別の字と同じ音になることはありません。はいはい、わかってます、漢字が加わると事はずっと深刻、複雑になりますとも。だけど少なくとも初期段階では、日本の子どもはフランスの子どもより早く幼児向けの本を一人で読めるようになります。それって相当すごいことなのですよ。

フランス語っぽい日々 ⑯

Un petit
air de
français
au jour
le jour

août 2018

現在では日本人に広く認知されているフランスでの日本文化の気

パリの
ジャパンエキスポ

でも2006年に私がそのことを漫画に描いて日本の出版社に持っていった時はボツでした

日本の
アニメ人気
？
一部
でしょ？

それ
より
パリ
ジェンヌの
情報が
ほしい

私は「フランスで日本のポップカルチャーが大人気なんだ!」と伝えたい気持ちだったが相手にされなかったのである

2008年前後から日本国内でも日本文化の人気ぶりが盛んに報道されるようになった

ジャパンエキスポ、ニコニコ動画で生中継しとるやん。もはやエッセイマンガで描く意味はない

和食やアニメだけでなくコンビニ・宅配便等のサービス、社会の治安の良さまでもが外国人から見ると魅力的だという

日本人にとってはごくごく当たり前のことが実はすごいというのは日本人自身が知らなかった新鮮な視点だったし何よりめちゃくちゃ気分がいい

2010年代に入ると日本は海外から尊敬を集めているんだ、日本人はすごいんだ！という内容の書籍やテレビ番組が量産されるようになった

ここまで国内メディアやネット世論が過熱してくると私は違和感を持ち始めた

なんで日本人てこんなに極端なの？

「日本すごい」情報のただ中にいるとフランス社会全般が日本ブームで日本のマンガ・アニメを大好きかのように感じるが実際にはそんなことはない

一方で「フランスでは日本文化はとても人気がある」と言える状況は確実にある

このあたりのニュアンスは伝えるのがとても難しい

いつもモヤッとします

いよいよ本格的に始まるジャポニスム2018、ぜひ盛り上がって大成功してほしい

応援してます

「…イスム」の例外、ジャポニスム
...isme, l'exception japonisme

　「ジャポニスム」という言葉から思い浮かぶのは何ですか？ フランス人の
わたしにとっては、19 世紀末〜 20 世紀初頭のフランスの少々古めかしい
魅力の混じった多種多様なイメージや、浮世絵、祖先たちが突如として愛
好、蒐集、模倣し始めた日本の品々。100 年以上を経ても、フランス人の脳
裏で「ジャポニスム」は好感度の高い、さまざまな面で唯一無二の文化的
ムーブメントでありつづけています。そもそも「ジャポニスム」と命名さ
れ、その名がポジティブな性質を帯びていること自体がユニーク。ほかをい
くら探しても無駄でした。国に対して〈isme〉がついた単語でまず頭に浮か
んだ例は、着想も大違いで、さして敬意も込められていません。たとえば
〈anglicisme〉、〈germanisme〉、〈hispanisme〉。英語、ドイツ語、スペイン語
のそれぞれについて、個々の言語に特有の文の言い回しや表現の借用を意味
します。

　次に浮かぶのが〈américanisme〉で、こちらは決まって「幼稚な反米主義
antiaméricanisme primaire」という表現を喚起します。アメリカにあまり興
味がもてない理由を話していたとき、地理・歴史の教師がわたしを非難し
て言った言葉です。「アメリカニスム」とは、ラルース辞典によると、特に
「合衆国と、そこでの思想や生き方に心酔すること」。この定義はジャポニス
ムに近づけることができるかもしれません。ただしそれは、19 世紀末の芸
術に特化したジャポニスムではなくて、むしろ現代のネオ・ジャポニスム
──文化的な創造に加えて、日本の国とそこに住む人々の行動や伝統に対す
る興味も含んだ、もっとずっと広範な「イスム」である気がします。

フランス語っぽい日々 66

Un petit air de français au jour le jour

septembre 2018

2018年7月 サッカー W杯 ロシア大会 が開催 されました

ウオォォ

あの四角いゴールに ボールが入ったら 1点なんだ

ウオォォ

今どうなったの？

あれはイエローカードといって…

今のは？

ハンド

サッカーは手でボールをさわってはいけないんだよ

日本強い？

コロンビア強い？

ポーランド強い？

フランス強い？

5歳の息子は世界に沢山の国があることに最近関心を持ち始めたのでW杯を熱心に観ていた

自国の勝敗に一喜一憂する観客達の姿も印象深く幼い心に残ったようです

ウオォ

日本チームは健闘したが敗退したので我が家ではフランスの応援になった

Allez la France!
Allez la France!

ンバッペが好き！

息子は決勝を生放送で観ると言い張って本当に深夜2時まで寝ずに観た。これにはびっくりした

見事優勝したフランスだがパリで暴動発生のおまけがついた

これはまだ早いから教えなくてもいいかな

ZZZ

騒動か暴動か
Incidents ou émeutes ?

　サッカーワールドカップでのフランスチームの優勝はフランスとフランス人にとってまさに慶福でした。誰もが賞賛した「レ・ブルー les Bleus」の多様性、驚異的にして模範的なチームワークの精神、監督にたいする規律正しさ──こうした価値はどれも日本できちんと理解を得ています。

　そのいっぽうで、選手たちの成功を称えようと集まった祝祭ムードの大群衆が過激な暴力行為をともなってしまったのは残念極まりないことでした。ごく一部の人々が起こしたこととはいえ、それでも数が多すぎました。当然、フランス国内外のメディアは唾棄すべき場面を撮影し、映像は世界中に広まりました。

　この種のケースで興味深いのは、そうした事実を伝える語彙を学ぶこと。フランスでは、ル・モンド紙が「暴行 violences」「騒動 incidents」「乱行 débordements」と報じ、フランス通信社（AFP）も同様ながらそれに加えて「破損行為 casse」「略奪 pillages」「衝突 heurts」「小競り合い échauffourées」といった語も使っていました。日本では、メディアやソーシャルネットワークが「暴動 émeutes」ないし「暴徒 émeutiers」の語を用いました。

　プチ・ロベール辞典によると、「暴動 émeute」とは「概して自発的に、組織された形でなく発生した民衆の蜂起」。ところが「蜂起 soulèvement」とは、誰かもしくは何か（権力、制度、決議）に反対するものであって、あの優勝の日に見られたような何の根拠もない暴力行為にはあたりません。その代わり「暴動」という語は起こった出来事の極端な暴力性をよく反映しているし、ショックを受けた日本のメディアが言わんとしたのはまさにそのことだったのかもしれません。いずれにしても、あれが単なる「騒動」「衝突」「騒乱」ではない、国外でのフランスのイメージに大いに陰りをもたらす、許しがたい深刻な行為と捉えられたのは無理もありません。

フランス語っぽい日々 67

Un petit
air de
français
au jour
le jour

octobre 2018

フランス人の妻にフランス語を発音してもらってみて音の違いが日本人の私には わからないということが しばしば あります

vous [u]　ヴ..
menu [ə]　ムニュ..

ヴとム、同じウの音でしょ
全然違いますよ
違うよ！
U

私の耳は入ってきた音を日本語のアイウエオの五十音表に変換してしまうようです

[a] [o] [ɛ] [œ] [y]

自分の耳が音をそのまま聞いているわけではなく何らかのフィルターをかけているんだなと気付かされます

日本語で作られたフィルター

繰り返しよく聞くと「なるほど違いはあるな」と感じる程度でネイティヴが言うような「明らかに全く違う音だ」という感覚には至らない。

同じ音に聞こえるということは自分が発音する時も同じように発音することになりこれがいわゆる「日本語なまりのフランス語」になっているのかと思う

妻の日本語にも似たようなことがあります

さっきコンビニのおばあちゃんが「坊っちゃんたち大きくなってるね」と声をかけてくれましたよ

やさしいおばあちゃんです

あれはおばあちゃんじゃなくておばちゃんでしょ

いえ、だからおばあちゃんとちゃんと言ってますが…

おばちゃんでしょ、本人が聞いたら気を悪くするよ

だからおばあちゃんですよ！

おば──ちゃんじゃなくておばちゃん！

マモン違うでしょ！

なまり、だけではなく
Accent mais pas seulement

　実施したインタビューはすべて録音するので、自分の話す日本語を聞き返す機会のいやはや多いこと。進歩している（少なくともそんな気がする）のは嬉しいいっぽう、耳に留まるなまりのようなものや言葉のクセも聞こえてきて、しかもそれがわたし個人に限った特徴ではなく、日本語を話すフランス人の多くに共通するものだと気づかされます。ちなみに英語を話すフランス人も同じ。典型的なフランスなまりはたちまちそれと分かり、また、同胞たちもわたし自身も、ネイティブはめったに口にしない諸々の表現を極端によく使う傾向があります。おそらくは母語の発想や表現をそのまま別の言語に置き換えているためかと。

　さて、みなさんご想像のとおり、フランス語を話す日本人も同じです。割とすぐに気になったのが、日本人の親友のひとりで、《à vrai dire》、《alors》といった表現や副詞、そして文の始めに《aussi》をよく使うのです。その後、フランス語を話すのを聞いた日本人はほぼ全員、等しくそのクセがあるのだと合点しました。日常会話で《à vrai dire》や《aussi》から話し始めるフランス人にお目にかかることはほとんどないので、なおさら興味深いところです。前者の例は日本語で「実は」が頻繁に使われるから？　事情はたぶんみなさんのほうがよくおわかりでしょうが、とにかく、何も変えるにはおよびません。日本人がフランス語を話すときの特徴的な表現をここで取り上げたからといって、みなさんの語彙からそれを削除すべしということにはなりません。むしろその逆、使いつづけてください。それが日本のフランス語話者の、どこか古めかしい、ほのかな魅力となるのです。

フランス語っぽい日々 ⑱

Un petit air de français au jour le jour

novembre 2018

2018年9月 日仏友好160周年を期して 日本の皇太子殿下がフランス政府に招待されフランスを公式訪問しました

8日間の滞在ですよ これはすごいことです

たしかに

EU各国周遊じゃなくてフランスだけで8日間だもんなあ

リヨンの空には飛行機で「日本」の文字が書かれ

パリのエッフェル塔は皇太子殿下が点灯ボタンを押すという演出で「ジャパンカラー」にライトアップされた

こうした一連の歓迎ぶりからはフランス側の敬意が伝わってきた

自分でも意外なくらい胸アツ

ジーン

フランス国内の報道でも今回の訪問は好意的に報じられていた

マクロン大統領

訪問を受けたブルゴーニュ地方のワイナリーのオーナーのコメント

一生忘れられないと思います

町の人々のコメントはユニークだ

写真を撮りまくってしまったよ なんたって日本では半分神様の人だからね

皇太子殿下がフランス語でスピーチしたことも話題になった

8分間だそうです

8分も?

スピーチ原稿は宮内庁のホームページで読める

J'espère que « les âmes en résonance » entre nos deux peuples (...) se développeront encore davantage en tant que pont entre les cœurs qui continuera à relier nos deux pays.

フランス語めちゃくちゃ練習したんだろうな

いやー立派だ！俺もフランス語がんばろ

ブラヴォー、皇太子殿下！
Bravo Prince Naruhito

　9月に皇太子徳仁親王がフランスを訪問されたことは誰もが知るところ。今回の特別な公式訪問で、ハイライトはやはりエマニュエル・マクロン大統領とのヴェルサイユ宮殿での晩餐会ということになりますが、わたしがいちばん興味を惹かれたのは、まもなく次期天皇に即位する方が1週間の滞在予定に日本語を学ぶフランスの若者との交流を組み込もうとされたことでした。渡航を前にした東京での記者会見では、こうした学生たちが日仏交流の将来を担っていると説明され、より多くの若い日本人がフランス語を学ぶことをも望まれました。

　そして、素晴らしいことに、殿下はフランス語で8分にわたるスピーチを行われました。「読むだけなんだから、そんなにややこしいことでもなかろう」と言う人がいるとしたら、それは違います。途方もなく難しいことなんです。みなさんもごぞんじのとおり、フランス語を大きな声で発音するのは容易ではありません。ちなみに日本語だってそう。わたしはときどき日本語の新聞記事を大声で読み上げる練習をしていますが、発音せずに読むのと発音しながら読むのとでは、ここまで違うのかと実感します。後者のほうがはるかに高度な能力を必要とするのです。

　フランスの人々は、今回のご訪問で、きわめて詳細かつ厳密に定められた儀礼と、ご一行の時間厳守とにすこぶる驚嘆していました。これぞお手本にすべき日本の美点。とにもかくにも、国際親善の発展につとめたいという皇太子徳仁親王殿下は、フランスで強い印象を残されました。来たるべき新天皇の時代に向けた、佳い兆しです。

フランス語っぽい日々 ⑥⑨

Un petit air de français au jour le jour

décembre 2018

フランスのラッパー Shurik'n の Samouraï（シュリクン／サムライ）という面白い曲があります

La main sur le カタナ～ ♪

ここだけわかる

フランス語の歌なのに時々日本語が混じっている

プロモーションビデオを観ると「サムライ」なのに何故かカンフー服を着て歌っている

アホっぽいな

フランス人の若者のこうした無邪気な日本文化への憧れやポジティブな誤解が私は割と好きです

忍者のキャラクターのコスプレ

まちがった漢字のタトゥー

フランス語の歌詞はよくわからないが勢いからして「オレはサムライだ。カタナを振りまわして戦うぞ強いぞオラオラ」といった内容だと想像されました

歌えるようになりたい！インターネットで歌詞を見てみよう！

便利な時代だ

すると新たな発見が...

comme samouraï（コム サムライ）だと思ってたら comme un samouraï（コム アン サムライ）じゃん！un って ここ言ってる？

言ってますよ

On joue（オン ジュ）だったのか！joue（ジュ）しか聞こえなかったよ！On って言ってる？フランス人には聞こえるの？

聞こえますよ

ヘッドホンでよぉ～っく聞くと確かに言っていた

そしてアホな内容だと思っていた歌詞はマルセイユの移民系フランス人がおかれた厳しい社会の状況を描いていたと知る

困難な状況であってもプライドのために命をかけて戦う「黒澤映画の侍」にフランスの若者が共感して生まれた曲だったのだ

カッコ良さやファッション性も大事だけどそれだけでは作品が国境を超えることはないんだね...

Oui!

ラップという名のシャンソン・フランセーズ
Cette chanson française qu'on appelle rap

　彼らの名前は「オレルサン Orelsan」「ソプラノ Soprano」「メートル・ギムス Maître Gims」「PNL」「ネクフ Nekfeu」「ダムソ Damso」。フランス・シャンソン界の新たな先導者たち……といっても日本のみなさんが「シャンソン」と聞いて思い浮かべる類の歌ではありません。そう、ここ数年フランスの音楽チャートの上位を占めるのは、ラップなのです。

　ラップというジャンルが生まれてから早30年あまり、それが近年特にめざましい成功をおさめ、独自の手法で今の時代のフランスの歴史／物語を語っています。それは往年のシャルル・アズナブールが「ラ・ボエーム」で自分の時代を歌っていたようなもの。現代のラッパーたちは機略に富み、創造力にあふれています。簡単なことばかりではない日常について、巧みに語り、人の心を大きく揺さぶりもする。難しいテーマ（暴力、失業、人種差別、病、愛、セックス）に、彼ら自身のどぎつい言葉とおきまりの身ぶりで挑む。初期のラップがあまり独自性のないリズムループに乗っていたとすれば、今日のラップはもっとメロディアスで、心に触れるものです。さらに言えば、ジャンル自体に大きな広がりがあるので、誰でもきっと気になるアーティストや曲が見つかるはず。彼らの使う言葉は誤ったフランス語ではなくて、リニューアルしたフランス語や、シンプルながら語の配置が見事なフランス語（オレルサン、ソプラノ）。そんな若者たちが、男性も女性も、大都市の郊外（彼らの多くはそうした地域の出身です）の新たなイメージを集め、提示し、そうすることで生活困難な地域で育つ人々の大きな希望となります――彼らはスポークスマンにしてロールモデルなのです。日本で彼らの音楽を聴くことは、ラッパー達の大きな喜びとなるだけでなく、日本人にとっても、現代のフランスについての豊かな教訓を与えてくれます。

フランス語っぽい日々 ⑦

Un petit air de français au jour le jour

janvier 2019

有給休暇がたまっているので明日から会社を2週間休みます

ホント？

よかった！

僕は明日から忙しくなるから助かるわ

この子の誕生日のお祝いをしましょう

ケーキとプレゼントを買ってきます

ところが翌日、日産自動車のトップ カルロス・ゴーン氏が東京地検に逮捕されるという大事件が起きた

カリスマ経営者の突然の失脚劇は日仏両国で大きな関心事となり両国での報道は過熱した

ワイドショーでも

フランスの通信社の東京支局に勤める妻は大忙しになり休暇の計画は台無しに…

誕生祝いもキャンセル

日本とフランスでは金融システムも法律も違うので翻訳できない専門語がありフランス語の記事を書くのには苦労した様子である

有価証券報告書

でもそうしたこまごまとした面倒をスッ飛ばして面白おかしく断定調子で書いた記事のちが仏メディアには重宝されフランスで夕ク読まれたようだ

事実確認と翻訳チェックをして時間をかけて作った記事は複雑すぎてつまらないものとされ間違いの多い記事が人気を博す…

虚脱感と無力感です

メディアがクリック数稼ぎの情報発信をしてそれが嫌仏・嫌日の感情をエスカレートさせる悪循環だな

大手メディアも個人のSNSアカウントもやってること

我が家に来た「ゴーン・ショック」はこの原稿を描いている今も続いています

今夜まだ帰れません！

えーこっちも仕事中…

保育園のお迎え延長と習いごとキャンセル

小銭がなくて駐輪場の精算ができない

弁当買って小銭作った

先生すみません

うんちしたぁ

弁当こぼした〜

パニック

チクショー ゴーンのバカヤローッ

適切な言葉
Les mots justes

　フランスの読者に向けて日本語の資料を元に日本のニュースをフランス語で書かなければならない、そんなフランス人ジャーナリストにとって、いちばんつらい状況がどんなものだかわかりますか？

　答えは簡単、複雑な金融や司法に関わる事件を扱うことです。世界中の注目の的となっているカルロス・ゴーン氏逮捕のようなケースを扱うと、法廷通訳の仕事がいかに難しいかがわかります。

　思い出すのは、醜悪な金融情報詐欺事件に巻きこまれた、あるフランス人の東京での裁判を傍聴したときのこと。争点はさまざまな通貨や国を股にかけた銀行口座や資金移動、諸々の商取引でした。わたしは日本語の公判とそのフランス語訳を聞きました。日本人通訳が使ったフランス語の用語の多くは、日本語の判決文に込められた意図をよく表してはいたものの、フランス語にされた金融関連の用語は専門家が使うものとは違っていました。結果的に、被告は裁判官の話を正確には理解できていませんでした。通訳を介した取り調べがどれほどの困難を伴うものかは想像に難くありませんが、それでも通訳の使命と責任は決定的です。

　ジャーナリストとして、わたしも同じような問題に直面することがよくあります。万物の専門家ではない以上、ときには自分の書いた記事で後から翻訳の誤りを発見することも。そのたびに思うのです――自分の力量が問われているのだ、と。

フランス語っぽい日々 71

Un petit air de français au jour le jour

février 2019

フランスで燃料税引き上げに反対するデモが起き 日本ではそのデモの激しさに耳目が集まりました

投石の中をくぐり抜けて突入する機動隊の映像は映画「プライベート・ライアン」さながら

あんな大きな石が飛んでくるのか

ビシン ビシン

命がけだな

うっわ道路のアスファルトはがしてる！

ガンガン

石畳も！

あれを投げていたのか

今回のデモに参加する市民はジレ・ジョーヌといって黄色いチョッキを着ていました

Gilets Jaunes

ニュース映像では黄色いチョッキを着た人達が銀行を襲い車に放火していました

アップルストアの商品が彼らに根こそぎ強奪されている映像は「これがフランスか」と日本人に強烈な印象を与え「暴徒化したデモ隊が店に押し入った」と報道されました

しかし悪質な犯罪行為をする彼らはデモに便乗しているだけでデモとは関係がないと言われています

casseurs (壊し屋)
カッスール

日頃のうっぷん晴らしにデモのある場所に黄色いチョッキを着てやってきて暴れている

つまり「デモが暴徒化」しているのではなく

デモ → 暴徒化

生活苦を訴える市民のデモに犯罪者がまぎれこんでいる

デモ

暴徒

どっちに解釈するかで全然意味が違ってきます

じゃあ店の備品や公共物をぶっ壊して投石してる人はどっちなんだろ？

激しく抵抗する市民？

過激派活動家？

壊し屋？

それとも全部？

反抗者たちの呼び名
Le sobriquet des révoltés

　フランスは反抗者の国。わが同胞にそんな評判が立つのも無理はありません。ここ数か月の彼らの抗議行動を見れば明らかです。それは未だかつて見たことのない性質の運動となり、デモに伴って発生した暴動の映像は世界中に伝えられました。みなさんも実際「ジレ・ジョーヌ gilets jaunes（黄色いベスト）」の話を耳にしたことでしょう。環境保護目的での燃料税の引き上げ反対を発端に、異議申し立て行動の手始めとして車道を封鎖し、道路で姿が目立つようにと身につけたのが蛍光イエローの安全ベスト。行動はときに悪質化し、彼らの姿は現実的にひときわ目立つことになりました。

　抗議する集団に奇妙な名前がつけられるのはこれが初めてではありません。2013 年には「ボネ・ルージュ bonnets rouges（赤い帽子）」が貨物輸送車への新たな課税措置に反抗。その前年には、法人税の新制度に反対する経営者や職人が「ピジョン pigeons（鳩）」の名のもとに立ち上がっています。「アベイユ abeilles（蜂）」は、拘束力を強める社会保険関連法案への怒りをあらわにした雇用者の運動。まだまだあります。個人事業主の身分に関する改革案に反対する「プサン poussins（ひよこ）」。隊列を組んだ「モワノ moineaux（スズメ）」は若年（なので鳩より小さな鳥を選んでいます）の経営者の保護を、「ムトン moutons（羊）」は自営業者のための社会制度の改善を、要求しました。

　こうした運動は、なかなか日本には入ってきづらそうですが、ひとつ可能性があるとすれば……地球環境のために行進する「ジレ・ヴェール gilets verts（緑のベスト）」でしょうか。

フランス語っぽい日々 72

Un petit air de français au jour le jour

mars 2019

立ち話やパーティでの雑談で私がよく陥るフランス語に囲まれた状況

ペラペラ

フランス人　フランス人　妻　私
　　　　（フランス人）（フランス人）…

フランス語の会話は私にはわからないのですが「ヒアリングの勉強をするよい機会だ」と前向きに受け止め耳をそば立てています

でも

いつまでたっても聞き取れないなあ

その時はフランス人達は子どもに見せるアニメについて話し合っている様子だった

デスアニメ

デスアニメ

デスアニメ

なぜフランス人はアニメのことをデスアニメと言うのだろうか？

なぜデス・アニメと...

DEATH ANIME

「デス○○」といえば「デスメタル」「デスゲーム」「デスノート」「怒りのデスロード」など暴力的で恐いイメージしかありません

などと思っていた折文字でその言葉を見かけてしまいました

dessin animé

なんだ！デスじゃなくてデッサン（絵）だったのか！

完全な勘違い

なんとなく納得できなかったのでネイティブに発音してもらって確認

これ読んでみて！

dessin animé

そんな私を見て妻は半ばあきれて爆笑していました

デスアニメに聞こえる？

信じられない！

プー

ここまで頭でわかっている今でもdessin animé という言葉を聞くと妙な気持になります

dessin animé

私がデスメタルだと思っていた白塗りメイクの人達は、ブラックメタルでした。デスメタルはノーメイクだそうです。

いまいましい言葉
Diables de mots

　外国語を学ぶ人なら誰にでも起こりうること。そうはいっても、自分が少々特殊なケースなのではないかと思うことがあります。まず間違いなくつっかえる、発音不可能な気がする、ほぼ自動的に音節を入れ替えてしまう、うまく言えない……日本語にはそんな言葉があるのです。

　そうした言葉のほとんどは、日常会話ではあまり使いませんが、定期的に経済の話題を扱う必要があるジャーナリストとしてのわたしの仕事では、避けては通れないもの。たとえば「取締役会」（トリシマリヤクカイ、ないし、トリシマリヤッカイ）。なぜだかかならず口ごもってしまい、相手に何を言っているのか理解してもらえず、パニックに襲われるのが常。「東京証券取引所」も、ついつい「トーキョーショーケントリヒキシジョー」と言いがちです。「自然に」という表現も間違いやすく、「ジゼンニ」と発音してしまい、聞き手は「事前に」と理解して、その結果たいていの文が意味をなさなくなるのです。

　そしていちばんつらいのが、知っている言葉なのにどうしても思い出せず、うっすら１〜２音節が浮かぶだけ、という状況。「だから、えーっと、始めが○○の音で、××に似ている言葉で……」と説明を試みながら、相手を恨めしくさえ思います。日本語ネイティブだったら正しい単語を今すぐ教えてくれたっていいのに。その人にとっては本来ごく簡単な言葉のはず。いいえ、どうやらそうでもないようです。となると、頼みの綱は……辞書の出番です。

「日本の学校行事」
2018年4月〜

カルロス・ゴーン氏逮捕（第70話）の知らせはほんとうに衝撃でした。AFP（フランス通信社）の特派員だったカリンさんは、相当お忙しかったですよね？

コラムにも書きましたが、日本とフランスでは司法制度が違うので、その違いを理解して、誤解のないように書くにはどうしたらいいのか、そこがとてもたいへんでした。そもそも制度が違うので、日本の司法用語を新しいフランス語にして表すか、フランス語にある言葉を使って、何が違うか説明するか、そのどちらかになります。AFPでは「ゴーン逮捕」とか「ゴーン起訴」といった速報が多かったので、長い記事のようにはなかなか説明が書けませんでした。フランスにいるゴーン氏の弁護士が、日本の司法に対してメディアでかなり批判的な発言をしていたので、フランスではそのまま鵜呑みにしてしまい余計に誤解が生じました。起訴された後、裁判のまえになぜこれほど長いあいだ拘留されるのか、人権問題にまで言及されました。ただ、フランスには起訴のまえに日本にはない「予審mis en examen」という手続きがあり、特別捜査のために長く勾留をすることも可能です。ですから私はフランスでいう「予審」にあたると書こうとしましたが、なかなか受け入れられませんでした。フランスで批判されている日本の制度を擁護している、日本の側に立ちすぎていると見なされてしまいました。ジャーナリストとして、実際のところを正確に伝えたかっただけなのですが……。

この後、いよいよ長男のなおくんは6年通った保育園を卒園、小学生になります。卒園式や学習発表会など、カリンさんは日本の学校行事にかなり感動をしていらっしゃいますね？

フランスに卒園式や卒業式がないというのは、妻から聞いてほんとうに驚きました（第74話）。

卒園式も入学式も学習発表会（第82話）も、こういう学校行事は子どもたちにとってもほんとうに素晴らしいと思います。「式」というのは、特別な服を着て、決まった流れがあって、自分の成長のひとつひとつに印がつけられていくようで、思い出にも残ると思います。わたしはどの行事も40代になって日本で初めて経験しましたが、親にとってもほんとうに感動的です。フランスでもぜひやってほしいと思います。

フランス語っぽい日々 73

Un petit air de français au jour le jour

avril 2019

先日 妻の知人のフランス人一家が来日し 東京観光の折に 我が家を訪れてくれました

息子さんはレミ君という中学生で うちの息子たちと遊んでくれて ものっすごく優しい少年でした

うちの長男はレミ君とトランプをしたがっていましたが フランス語でルールをどう説明すればいいか わかりませんでした

レミ君は勘が良かったので 説明がなくてもルールをなんとなく理解し ババ抜き、スピード、神経衰弱、等を一緒にやってくれました

ぶたのしっぽ

近頃 フランス語を話さなくなってしまった長男は黙々とレミ君と遊んでいた

ん

ん

「ん」しか言わない

そしてレミ君が帰ることになるととても淋しがっていた

もっとあそびたかったー

黙ってたのに楽しかったのか 子どもの心っておもしろいな

レミ君ありがとう！ ここは俺が父親として感謝の気持ちを伝えねばなるまい

彼は初めて日本に来ていろんなことを感じてる。今の俺のふるまいで日本人の印象が決まるかもしれない！

頭の中で何度もフランス語の文章を反すうしてから話しかけました

Remi

Merci beaucoup

Il est très content parce que tu as joué avec lui

この後「君はとても優しい」つまり Tu es très gentil と言ってシメるつもりでいた

しかし口から出たのは

Tu es très joli
（君はとてもキレイだ）

これだと少年好きの中年のおっさんと思われたかも！

ああ〜っ

失敗しました

木の文字とタブレット
Lettres en bois et tablette

　「ママン、ぼくフランス語は習わなくていいでしょ、日本語わかるもん」。長男の言わんとするところは、ざっくりまとめればこうなります。モリエールの言語も話せたほうが、そして読んだり書いたりできたほうがいいのです、と伝えたときのことです。興味の喚起こそが第一段階。もちろん、フランス語で会話をしたり、本を読み聞かせることでそれは果たせるはずです。だけどその場合、日本語の会話や読み聞かせよりも魅力的でなければなりません。でないと噴出するのは口答え──「つまんない」。

　「どうすればいいの?」沈思黙考のさなか、息子のために作られたかのような商品にたまたま巡り合いました。タブレット端末のアプリと連動した木製の文字の可愛いキット。たとえばタブレットがある文字を要求し、該当する木の文字を画面に載せると、文字が承認されます。子どもはこうしてそれぞれの字の名前と発音、音節や単語などを学ぶことができるのです。ここでわたしはジレンマに陥りました。子どもには本や具体的なものを使って学んでほしい。となると少なくとも最初の時点では、スマートフォンやモニタは検討の対象外。でもそのいっぽうで、この知育玩具は、フランスで広く推奨され、大きな効果がお墨付きの、読み方教育のメソッドに基づいています。さて、わたしがいくら惜しみなくフランス語の授業をしたとしても、長男についてくるだけの忍耐力がないことはみえみえ。つまるところ試してみるのも一案かもしれない、そう思いました。買いました。お気に召した様子です。今後どうなるかは使ってみてのお楽しみ。このキットがうまくいかなったら……頼みの綱は次男坊。お兄ちゃんにフランス語を教えてくれますように。

フランス語っぽい日々 74

Un petit air de français au jour le jour

 令和

mai 2019

この春 保育園の卒園を迎えた長男は卒園式の1ヵ月前から式の練習をしていました

♪ さようなら〜 ♫

♫ ぼくらのほいくえん〜

ポロン ポロロン♪

先生、ピアノの練習をしてるんだよ

仕事の後も…大変だ

先生方も式の準備に余念がない

親達は卒園記念品制作チーム 卒園アルバム制作チーム 謝恩会上映用ムービー制作チーム 統括チームに分かれ それぞれLINEグループを作って連携し1年かけて準備してきました

日本人はすごいです

親がここまで一丸となってやるのは日本人だけだろうね

フランスの学校には卒業式がありませんから

えーっ！

じゃあ例えば高校生活最後の日なんてどうするの？

どうって…普通に家に帰っておしまいです

日本人の事前準備の気合いの入りちも過剰な気がしますがフランス人もドライすぎると思います

というわけでフランス人の妻にとっては息子の卒園式はこの種のセレモニーに臨む初めての経験でした

入場してくる子ども達の表情を目にして思わず涙線がゆるむ私

0歳から見てるからな〜

冒頭の園長先生のスピーチで既に園長涙声

みんながこんなにりっぱに…

えっもう？

ヒグッ

親 もらい泣き

矢のように過ぎゆく日々の中で時間にいったん区切りをつけるこうした式典の意味を感じた日でした

よかったね

ええ

通過の儀式
Rites de passage

　フランスではおそらくそれを「通過儀礼 rite de passage」と呼びます。人生における重要な段階を記す慣習のことです。日本では、宗教的・思想的な意味合いをもたない数々の「通過儀礼」の文化がフランスより保たれているような気がします。たとえば、うちの長男は保育園での6年間を終えたところですが、締めくくりに非常に格式張った「卒園式」のセレモニーがあり、小学校への「入学式」がそれに続きました。長年生きてきましたが、学校行事でこれほど荘厳な催しに参加するのはまったく初めての経験でした。このうえなく感動的でした。親も子も特別な思い出を脳裏に刻み、学校生活のひとつひとつの段階が大切なのだと意識することができます。

　フランスでは、幼稚園の年度終わりは、先生にさようなら、ありがとう、と言って、それでおしまい。小学校に入るときも、特別な催しは何もありません。9月の新学年初日の朝、全員がクラス別に中庭に集められ、おのおの自分の先生について行けば新年度が始まります。3年間の高校生活の終わりにバカロレア（大学入学資格）を取得するときも、校舎の入口に掲示された合格／不合格／追試あり、のリストを確認しにいくだけ。しかも今ではリストがネットで公開されて、見にいく必要さえないことがほとんどです。式典は一切なし。これってなんだか、価値をおとしめるような、寂しい、残念なことだと思います。

フランス語っぽい日々 75

Un petit air de français au jour le jour

juin 2019

ああ〜 新しい服に着替えさせたばかりなのに…

夏になったら もう ごはんの時は裸だな

Tout nu!（すっぱだかね！）

でも おむつはしないとね！裸でも

Mais s'il n'a pas de couche, il va faire pipi et caca partout!（もしおむつがなかったら おしっこやうんちをそこら中にもらしちゃうからね！）

長男がフランス語の冗談を聞いて爆笑している

私も 妻がフランス語で何を言ったかわかるが頭の中で一度翻訳してから理解するので言葉の勢いは失われ笑うことはない

反射的にあんなに笑えるのはすごいな

ふと思い出す

バイリンガルでも母語は1つですよ！

複数の言語を話すことができても言葉の本当の理解、例えば歌詞や詩に触れて泣くほど感動する言語は1つになるでしょう

バイリンガルの子どもを育てているある父親から聞いたこの言葉

確かに そうかも…！

呪縛のように心に残っている

笑い転げている長男を見ているとなんともふしぎな気分です

これからどうなっていくんかなあ

「バヴォ」、「イェー」……赤ん坊は話す
"Bavo", "Yeeeee": bébé parle

　両親の国籍が異なるとき、親はそれぞれ自分の言語で子どもに語りかけようとします。わが家ではパパが日本語、ママがフランス語。そして長男のときと同様に、次男が「パパ」と「ママ／ママン」の次に発する言葉を、わたしたちは待ち構えました。そのとき驚きをもって理解したのは、うちの次男坊がどうやら誕生以来、母親からもお兄ちゃんからも、褒められっぱなしだったのだということ。なぜなら彼の最初の言葉は、手を叩いて「バヴォ」と発音される「ブラヴォー」だったのです。さらに2番目は、両腕を天に高く掲げての「イェーーー」。いえ、誓って言いますが、フランスチームが優勝した2018年のサッカーワールドカップ決勝戦を次男と一緒に見たわけではありません。

　それ以外の主な語彙は、1歳の男の子としてはごく古典的。「マムマム」（フランス語で「食べるもの à manger」）、「アバアバ」（同じく「飲むもの à boire」）、「ブーブー」（日本語の幼児語で「自動車」）、「ワンワン」（同じく「犬」）。現段階ではフランス語と日本語の語彙数がほぼ拮抗しているのが見てとれます。言葉を教えてくれたパパ、あなたもブラヴォーです。だけどこれから難しくなるのは、モリエールの言語にはいたって不利なアンバランスな環境のなかで、このバランスを維持してゆくこと。わたしたちは日本で暮らしていて、息子の周囲で生粋のフランス語話者はわたし一人。同じ境遇にある方、アドバイスをお待ちしています。長男のときにあまり成功していない自覚がありますので……

フランス語っぽい日々 76

Un petit air de français au jour le jour

juillet 2019

パリ郊外の高校の生徒13人が日本にやってきた

ポール・エリュアール高校

2週間の日本滞在で様々な体験をします

Kyoto 寺社仏閣 観光

Okayama 美術館訪問 / 日本語学習

Shizuoka 国会訪問

弓道体験

Tokyo

彼等にとって日本は「マンガの国」ということで私が漫画家として講演した

16歳です / 17歳です

若け〜

彼等は全員移民系のフランス人でルーツは様々。(アルジェリア チュニジア、エジプト ポルトガル、タイ、スリランカetc) 13人で使用言語はなんと6つ

3人がマンガのファンだという

J'aime beaucoup le manga

日本の漫画のスタイルで絵を描いている子がいた

見て下さい！

キラキラ

なんと 純粋な… オレのペンをあげたい！

絵を描いている子はもう一人いた

一人にだけ物をあげると角が立つからやっぱやめよう

あーもっとペン持ってくれば良かった

こんな風に日本発の漫画文化を愛好し漫画を描くフランス人の若者にはこの10年ほどで70人は会った

同人誌イベント

MANGA 専門学校

以前はMANGAを一生懸命描いてもプロとして仕事ができる場はほとんどない。どうしてあげればいいんだろう？

キラキラ！

と悩むこともあったが

今回は MANGAは 今や JUDOやKARATEのようなものだ

趣味でいいのだ

と思えた。そのくらい浸透していると実感したからです

似顔絵を描くと彼等は喜んでくれてエッフェル塔のおもちゃ、空き箱、名刺をくれた

Mohamed モハメッド クリスタル

かわいいプレゼントだった

168

道の果て
Au bout de la route

　彼らが住むのは「9.3」。「ヌフ゠トロワ neuf-trois」と発音してください。荒れた地域と若者たちとで残念ながら有名になってしまったフランスのセーヌ゠サン゠ドニ県のことを、軽蔑的な意味で人はそう呼んでいます。サン゠ドニのポール・エリュアール高校第1学年（日本でいう高2）の生徒たちは、先験的にはそうした「荒れた若者」に属します。なんといっても環境がよくありません。貧困家庭、崩壊家庭、移民家庭、ときにはその3つすべてに当てはまるような家に生まれているのです。

　ところがそんな彼らにもチャンスは訪れました。支援者や企業に援助を求め、毎年1クラスを旅に送り出す非営利団体「道の果て」の創始者、ジャン゠ピエール・オリエールなる人が地理歴史の教員として赴任したのです。そして今年の目的地は日本。それはおとぎ話のような驚異の旅、彼らにとっても想像を超えた旅でした。来日した13人の若者にとって、東京や京都を見ること、寺社仏閣や大型ホテルの舞台裏、地震防災センターを訪れることは、魔法のようでした。そして、わたしにとっても、東京で彼らに漫画について話すことは素晴らしい体験でした。

　「いじらしいんです。あの子たちの人生はたやすいものじゃありません。ややこしい事情もある。旅行なんてしたこともない子だっている」。こう説明するのは、日本学者のジャン゠フランソワ・サブレ。息子のアレクサンドルと共にこのプロジェクトの共催者を務めました。「みんな日本にまた来たがっています。大成功だ！」と大喜び。いっぽうジャン゠ピエール・オリエールはというと、いつものようにこう語るのでした――「どんな旅も、1000時間の公民教育に値します。違いを学び、どうやってそれを受け入れるかを学ぶ。彼らに旅立ちへの興味を持たせることにもなります。そして、世界の果てでは、彼らは自分たちがフランス人として見られ、フランス人として認識されているのだと意識するのです」。ブラヴォー、です。

フランス語 っぽい日々 ⑰

Un petit air de français au jour le jour

août 2019

2年ぶりに家族で フランスに行きました

ここ2年間で ひらがな カタカナ 漢字 をメキメキと 習得し そのかわりに フランス語成分が すっかり薄くなった 長男(6)

フランスに行ったら近年 話さなくなったフランス語を 話し始めるだろうか？

似た境遇のよそのご家庭の お話から推察し 「フランス到着後3日くらいで フランス語を話す」と 予想しました

エールフランス↑

しかし予想に反し

3日経っても1週間経っても10日 経ってもフランス語を話さなかった

相手が言ってる ことはわかる けど話せない

旅の後半、パリの貸し アパートでパーティを開いたら 子どもが5人来た

子どもたちは 大はしゃぎ

ゴミ袋 キャ キャ

ムッシュー プベル Monsieur Poubelle！ (ごみばこ おじさん)

Monsieur Poubelle！

ギャハハー

長男は フランス語を 話し始めた

ワア〜 ジュスイ ムッシュー プベール (ごみばこ おじさん だぞ〜)

ありがとう 子どもたち…

Vite, vite Sauvons-nous (はやくにげろ)

Au secours！ (たすけて)

聴く、話す、聞こえてくる
Écouter, parler et s'entendre

　東京で暮らす日仏ハーフの子どもに、モリエールの言語を話したいという欲求のスイッチを入れるには、フランス滞在にまさるものはありません。欲求？　むしろ必然です。たとえどんなに幼くても、100パーセントフランス語の環境に飛び込んだ子どもは、ほどなく理解するのです——自分のことをわかってほしければ、降り立ったその土地の言葉を使うかどうかが死活問題になるのだと。大人だって経験や理性で分かってはいますが、実践できないことが多いもの。そう、そこが違いなのです。子どもはスポンジ。耳にした言葉を自分から学ぶ以上に吸収します。

　最近のフランス滞在中、わたしはあらためてそんな驚くべき子どもの能力のほどを思い知りました。日本ではごく稀にしかフランス語を話さないうちの長男が、ほんの数日で「フランス語脳」に切り替わったのです。

　息子がフランス語を話し始めたとき、2つの事実が耳に飛び込んできました。第1に、彼は思っていた以上に多くの単語、それもわたしがかならずしも想像していなかったような単語まで知っていたということ。第2に、彼には言葉のクセがあり、その欠点の元凶が、ほかでもないわたし自身のフランス語の話し方だということ。言葉の合間合間を区切る、感じの悪い「アンhein」。「うんざりだよ、アン」、「やめなさい、アン！」……ここで結論。言葉づかいの悪癖を自覚する方法は2通りあります。さまざまな状況で話す自分の言葉を録音し、聞き返すこと。あるいは、自分の子どもの表現のしかたに、ふだんの倍の注意をして、耳を傾けること。ショックを受けますので、お気をつけて。

フランス語っぽい日々 78

Un petit
air de
français
au jour
le jour

septembre 2019

フランスの
思い出
2019

発車寸前のTGVを前に

Dépêchez-vous!
Montez!
（早く乗って！）

と叫ぶ
SNCFの駅員

Non, ne
montez pas,
c'est l'autre
voiture!
（乗るな
その車両じゃない！）

と我々を制止する車掌

仕方なく 先の車両に
乗ろうと走ると

もう間に合わないから
そこで乗れ！という意味
らしきジェスチャーをする駅員

乗り込んだ車両で私の妻と
口論する車掌

ごった返すルーヴル美術館の
入口で

チケットはネット
購入のみだと
言う係員

Seulement
sur
Internet

たむろする ダフ屋たち

おそるおそる
フランス語で話しかけてみると

Vous parlez français?
（お前 フランス語話せるのか？）

と いかにも
面白そうに
答えるダフ屋
の兄ちゃん

アン プー
Un peu（少し）

Vous avez
acheté ça
à l'extérieur,
ce n'est pas
valable
（これダフ屋で
買ったんだろ？
入れないよ）

と笑うルーヴルの
セキュリティ！

日本では考えられないこと
Inimaginable au Japon

　「20年日本で暮らせば、必然的にね……」短いフランス帰省のあいだ、わたしはそうひとりごち、また痛感したのでした。故国ではわたしも否応なくフランス女になりかえり、日本式の礼節は脱ぎ去って、成り行きによってはSNCF（フランス国鉄）の係員と怒鳴りあう能力を取り戻さざるをえません。国有鉄道の全職員が無礼というつもりはありませんが、一部に本当にひどい職員がいるのは事実です。日本の従業員の礼儀正しさとサービス精神に今や慣れてしまったわたしにとっては、衝撃でした。

　シャルル・ド・ゴール空港に着くやいなや、ホームの係員と口論に。悪口雑言のたぐいが真っ向から飛んできます。実際こちらも文句をつけました。スーツケースとベビーカーを携えた乗客には車両がまったく不向きなのです。ホームと段差がなく完全バリアフリーの新幹線に慣れている身からすると、不満も当然。空港発ボルドー行きのTGVの車両では、車内に入るのに段差が2段、2階の座席にたどり着くには少なく見積もっても10段はあります。「世界中どこでも電車ってのはこうなんだよ、文句を言いなさんな」と駅員。これ以上は語らずにおきましょう。日本では考えられません。

　銀行も同じでした。「自分の口座に現金を預け入れたいので、お願いします」「できません。自動機が故障中です」「あなたが窓口にいるんだからできるでしょう」「いいえ、窓口では顧客のお金に触ってはならない決まりなんです。機械の修理まで最低2日は待たないと」。お詫びの言葉は一切なし。

　心の底から、わたしは自分の国が好きです。それでもやはり、サービスの質が昔ほどではなくなった、そんな印象を抱いてしまうのでした。

フランス語っぽい日々 79

Un petit
air de
français
au jour
le jour

octobre 2019

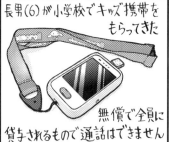

長男(6)が小学校でキッズ携帯をもらってきた

無償で全員に貸与されるもので通話はできません

ひもをひっぱるとブザーが鳴るしくみ

ブザーが鳴ると同時に区役所内の防犯センターに通報されセンターは GPS 検索で位置を特定しスタッフが児童と会話して状況を確認します

どうしましたか？

時代だねぇ・・・

デザインかわいい

我が家では追加料金を払って親との通話、ショートメールができるようにしました

私の知らないところで長男は母親とのメールを楽しんでいるようだ

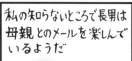

おじいちゃんの家に泊まりに行った時だけ私にもメールしてきた

くなお

お父さんまいにちあさがおにおみずあげといて。

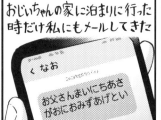

小学1年でボタン操作で文章を打てるのだからたいしたものだ

今は音声入力があるので3歳でもメールできますけどネ

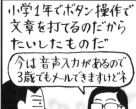

一方...

ととととと

しゅーしゅーしゃ！

↑ゴミ収集車

たん Train!

電車はフランス語か

次男(1)の言葉の成長ぶりはかつての長男にそっくりです

書き方の練習
Exercice d'écriture

　子どもの頃、両親とは主に口頭でコミュニケーションを取っていました。一緒にいるときは面と向かって肉声で、離れているときは電話で。今日、わたしと子どもたちとは、一緒にいる場合はもちろん変わらず口頭でやりとりをしますが、長男は、近くにいないとき、ミニスマートフォンに似た自分の小型携帯からメッセージを書いてくれます。子どもの安全を守るために学校から支給されたものです。書くのは日本語で、それがとても面白い。「きょうさ、はがぐらぐらしてておべんとうをあんまりたべられなかったです」。それから少しずつ、学習済みの漢字が登場してきます（息子は現在小学1年生です）。「今日は、おばあちゃんとおまつりに行った。買ったのはたこやきとやきそばとかきごおりとカルピスです。たべたのは、ぜんぶです」

　もちろん、こんなに幼いうちからスマートフォン似の小型携帯でメッセージのやりとりを始めるなんてなんて、よろしくない、中毒みたいなものになりかねない、そう考えることもできるし、それも間違いではありません。ルールを決める必要はある（緊急の場合を除いて、メッセージは一日3通まで、とか）し、見守りは必須です。そして書き間違いがあったら、当然正してやらないといけません。何ひとつきちんと書けなくなってしまって、メッセージはつづりを無視し発音を文字にしただけ、そんなフランスの子どものなんと多いことか。とはいえ一般論として、書き方の練習の一部がこういう形で行われても構わないとわたしは思います。子どもにとっては遊びになるし、母親としても、息子から優しいメッセージを受け取れて上機嫌……そこのところはしっかり認めておかないとね。

フランス語っぽい日々 80

Un petit
air de
français
au jour
le jour

novembre 2019

フランス人の妻が週1で長男に
フランス語を教え始めました

妻はアルファベットを勉強する
知育玩具を
購入
した

タブレット端末と組み合わせて
使う

例えば
Cの文字を画面にのせると

クッ！クククククク…

クロコデイル
Crocodile

おお
！

新鮮
！！

Tだと トゥッ！トゥトゥトゥ
トゥトゥトゥ…

トマト
Tomato

アルファベットには「エービーシー」
(仏語だとアーベーセー)とそれぞれ
名前がついているが呼応する音も
あるとわかって長年のモヤモヤが
晴れた

ℓは？ gは？ rは？

ワクワク

妻はカタカナを学習した
長男に合わせ カタカナと
関連
づけて
アルファ
ベットを
教えて
いました

B+A=BA バ
C+A=CA カ
M+A=MA マ
N+A=NA ナ

でも そうすると 当然
齟齬が出てきます

CA=カ
CI=シ
CU=ク
CE=セ
CO=コ

なんでキ
じゃないの？

なんでケ
じゃないの？

長男はイライラを爆発
させていた

なんで？

なんで？

仕方ない 言語というのは
理不尽なもんなんだよ
日本語も そうなんだよ

わかるよ
気持ちは

誰でも通る道なのかも…

規則の例外、例外の規則
La règle a son exception, l'exception a sa règle

　フランス語を学ぶ、それは語彙、つづりと文法の奇妙な規則、そして何より、それら規則の例外を学ぶこと。事の始めは「基本のイロハ b.a.-ba」、「B（ベー）A（アー）BA（バ）」、と読みます。C + A = CA は「カ」と発音し、C + O = CO は「コ」。ところが、ほら来た。C + E = CE の発音は「ス」。フランス語を勉強したての日本人の子どもがこう言われたら、腹を立てずにいられるでしょうか——「E と I をつけた C は、A、O、U をつけた C とは違うのよ」、そして「C と A で「サ」、C と O で「ソ」を作るには、C にセディーユをつけて ça や ço としなければいけないの」。

　知識を深めるほどに事態は悪化します。ついでに言っておきたいのは、最も例外的な例外を知らないフランス人も多いということ。たとえば助動詞〈avoir〉を伴って活用した動詞の過去分詞は性数の一致をしません……直接目的語が前に置かれたとき以外は！「私の両親は車を2台買った Mes parents ont acheté deux voitures」は性数一致なし、「私の両親が買った車 les voitures que mes parents ont achetées」は性数一致あり。

　単数なら男性、複数のときは女性になる、そんな不思議なふるまいを見せる単語もあります。ただしつづりの誤りを見かけることは少なくありません。〈amour 愛〉、〈orgue パイプオルガン〉、それに〈délice よろこび〉などの語がそう。「彼らの愛（単数）は美しい leur amour est beau」は男性、でも「（複数の）麗しき愛 de belles amours」は女性。もう一つ忘れてはならないのが複数形の〈orgues〉。1台の楽器を構成するときは女性で、「ノートルダム大聖堂のパイプオルガンは無事だった」は《les orgues de Notre-Dame sont sauvées》というけれど、気まぐれなこの単語、複数の楽器を指すときには男性のままで、「オルガン製作者たちが数々の美しいオルガンを作る」は《les facteurs d'orgues fabriquent de beaux orgues》。こんなわけで、長男にフランス語を教えるために、頭をふり絞るわたしです。

フランス語っぽい日々 ⑧

Un petit air de français au jour le jour

décembre 2019

2019年10月 日本語翻訳版出版に合わせフランス人漫画家リアド・サトゥフ氏が来日しました

1週間ほどの滞在で宮城→京都→大阪→福岡→東京とイベントを打ちながら日本各地を回るらしい

やっぱ出版社の人がずっと案内(アテンド)するんですか？

いえ ご本人一人で移動するようです

宮城では仙台日仏協会・アリアンス・フランセーズ、京都大阪ではアンスティチュ・フランセ関西、福岡ではアンスティチュ・フランセ九州、東京ではアンスティチュ・フランセ東京の職員が出迎えて案内します

「未来のアラブ人」翻訳者 鵜野孝紀さん

日本におけるフランス人アーティストの受け入れ体制バッチリじゃないですか フランス恐るべし！

しかも東京の日仏学院も京都の関西日仏学館もいつのまにか名前から「日」の字がなくなっとるではないか

不肖 私も対談相手として福岡のイベントに参加しました

北九州市漫画ミュージアム

「未来のアラブ人」第1巻はフランス人の作者が中東で過ごした幼年期を描いたもので日本人の私が読んでも共感できるところがたくさんあって面白い

プークスクス

しかし2000円近くする翻訳されたバンドデシネは読む価値のある物が多いが値が張る

子どもには手が出せないね

私は例えば本書や「はちみつ色のユン」には多くの日本人が知らないような海外のことが描かれているので日本の学校の図書室に置いてほしいと思う

そうすればクラスに2人くらいの子はハマるだろうしそれは日本の国際交流の大切な芽になると思う

「未来のアラブ人」日本で広く読まれてほしい漫画です

絵は言葉を越えて
Le dessin au-delà des mots

　「日本語は話せませんが、日本の漫画家たちの方が、フランス語で世間話をするパリのパン屋のおばさんよりも身近に感じます。絵描きの彼らと同じ世界に自分も属していますから」──誰の言葉でしょう？ 答えはリアド・サトゥフ、フランス人とシリア人を両親にもつバンド・デシネ作家です。自伝的グラフィック長編『未来のアラブ人』で、今や日本を含む世界中で知られることになった彼が、数週間前、東京に滞在。わたしは彼に会って質問をしてきました。たくさんの話題のなかでも、とりわけ仕事のこと、そして好んで扱うテーマのひとつである、彼自身のルーツと、文化の異なるさまざまな国（フランス、シリア、リビア等）に暮らした経験について尋ねました。「自分の第一のアイデンティティはBD作家であるということです」、そう彼は答えました。別の言い方をすれば、図画の言語こそが彼にとって普遍的で、それは言葉によるコミュニケーションを超えるということ。彼ら絵描きたちのあいだでは、通訳は必要ありません。言葉を介さなくとも、おたがいを理解し、作画の技法を伝えあうことができる。

　リアド・サトゥフが語ったことでもうひとつ、わたしが深く感動し、安堵をおぼえもしたのが、次の言葉でした。「フランスは読者の国、書物の国です。熱烈な読書好きがけた外れに多いし、翻訳もたくさん出ています。他の文化に対して開けた国、移民の国なんです。さまざまな文化があふれていて、この国はそれを実にこころよく受け入れています……たとえ反対のことを言う人がいたとしてもね」。映画『いかしたガキども *Les beaux gosses*』（日本未公開）の監督でもある彼は最後にこう言いました。「世界の中でもフランスはずっと大好きな国です。そこでなら、作りたい本を作れ、描きたい物語を描ける。地球上のどこだって住むことはできるでしょうけど、自分のバンド・デシネはフランス以外の場所では作れません。フランスほど自由でいられるところはないでしょうから」

フランス語っぽい日々 ⑧²

Un petit air de français au jour le jour

janvier 2020

あしたの学習発表会ぜったいみにきてね！

わかった

学習発表会というのはいわゆる学芸会のことである

翌日 小学校の体育館へ行くと長男のいる1年生は歌と劇だった

4年生は東京オリンピックにちなんだ英語劇をし、5年生は「世界の音楽旅行」と題してヨーデルを歌ったりサンバを演奏したりして最後は日本の八木節を披露した

ドッ・ドッ・ドッ チャ・チャ・チャ

ハァ〜ドッコイドッコイ ドッコイナット

すごい！俺が子どもの頃より国際色が豊かで勉強にもなりそうだ！

今の小学校良いのでは？

6年生はより本格的な劇だった

ここは死んだ人がくるところ 霊界の空港です！

え？

白いパスポートを持つ者はここから光の国へ旅立つことができるよ！でも生前に悪いことをした者は黒いパスポートを持って地獄行きき！

あの世を出してきた！一体どういう死生観なんだ？信仰心の強い親とか外国人の親とかがいたら反発きそう

ドキドキ

赤川次郎原作の有名なファンタジー作品らしかった

フランス人の妻を見たら泣いていた

内容はともかく子ども達のがんばる姿に感動したらしい

フランスの小学校でこの劇ってアリなの？

死後の世界とか

死後の世界は別に大丈夫です。でも白が良い色で黒は悪い色という区別は人種差別を連想させるのであのパスポートの話はフランスだと絶対にアウトです

そっちかい！

学校での芸術
L'art à l'école

　11月のなかば、特別な出会いがありました。一生忘れることのできない、大切な、感動的な出会いでした。創設から55年間「太陽劇団」を率いる演劇界の偉大なる才能、アリアーヌ・ムヌシュキンにインタビューをするという幸運が巡ってきたのです。一座が上演するほぼすべての作品の演出を担ってきたのが彼女であり、ヴァンセンヌのカルトゥシュリー（旧弾薬庫）を演劇の一大中心地へと変貌させたこの劇団は、業界でも唯一無二の存在として世界中にその名を知られています。

　アリアーヌ・ムヌシュキンという名前に、わたしは30年前から親しみをおぼえてきました。文学を教える先生が、民衆の演劇、生の瞬間としての演劇を目指し、たゆみなく創作を続ける彼女を絶賛したのがきっかけです。

　アリアーヌ・ムヌシュキンは2019年に3か月以上日本に滞在しており、2020年にも再び来日を予定しています。それというのも、次回作の舞台は、とある日本の島。彼女が日本の演劇を発見したのは1963年、初の来日で5か月を過ごしたときのことでした。

　インタビューの話題は多岐にわたりましたが、なかでも脳裏に深く刻まれたのは「芸術とは、単にその歴史を教えるだけでは駄目なのです。学校でそれを実践しなければなりません」というフレーズでした。わたしにとっては、アリアーヌ・ムヌシュキンという人間、彼女が仕事をしてきた理由のすべてがこの言葉に凝縮されています。

　インタビューの3日後、長男の学校の学習発表会に出かけました。6〜11歳の子どもたちが舞台に上がり、歌い、演じ、音楽を奏で、物語を語ります。そんな彼らの姿を見て、わたしは胸が熱くなりました。それこそがまさに、ムヌシュキン女史が繰り返し語っていたことだったからです。

フランス語っぽい日々 83

Un petit air de
français
au jour le jour

février 2020

次男 1歳の頃 何か話し始めた

たたー

ななー

ちゃー

その後 意味のある言葉を一語だけ 話すようになった

でんしゃ

まま　ぱぱ

Non（拒否・否定の意志）

あばー
à boire（のみものがほしいの意）

あんたんねー
（本人が作った言葉・意味不明）

1歳の終わりには 文章を話すように

でんしゃ
きたよ

ぴぴ
（鳥のこと）
きたよ

「は」や「が」などの助詞を省いて 話すのは外国人の話す日本語に似ていて 面白い

助詞を使うのは 難しいのかも…

2歳になると 毎日が 進化の連続です

ママの

「の」って言った！

すわって

命令した！

大人（親や保育士）の言葉をまねしながら伸びていくようだ

こんな風に毎日 新しい表現を身につけていけたら そりゃ 楽しいよな

目の前の情景を伝えたり自分の今の気持ちを言ったりさ

お前がうらやましーよ

いとーよーかどーいく

フランス語も少し話しますが日本語と混ざってしまいがちです。フランス語を話す人が周囲に母親一人しかいないためだと思います

にく encore（肉をもっとください）
あんこー

あばー à boire ください（のみもの ください）

ちびり il est là（おしゃぶりがあそこにあります）
いえら

バブバブから発話へ
Du babillage à la parole

　二人目の子どもが生まれると、一人目のときに逃してしまったと思っていたことを部分的には取り返せるようになります。往時の経験から理解したのは、最初の年月はすべてがあっという間に過ぎてしまい、成長の全段階をもっと観察するべきだったということ。言語の習得についてももちろん同じです。

　こうして約10か月の間、わたしたちは注意を倍加して、わが家の嬰児の言語的進展をつぶさに研究することとあいなりました。胸が躍りました。まずは基本の「パパ」「ママン」を過ぎたところで、「アバ」（飲みもの）、「タサナ」（さかな）、「だっこ」といった、正確さに揺れはありつつも日仏どちらかの言語に属する単体の語が現れます。続いて2語がまとまって「シャワする」「あち いく」。そして第3の段階では「ここでたべる」「パパといく」といった「文」が初登場。そこにバイリンガル環境で暮らす子どもならではの特殊性が加わります。「à boire（飲みもの）いらない」「du pain（パン）ください」「さかな encore（もっと）」など、2つの言語からとった語を混ぜたり、独特の方法で否定文を作ったり。

　わたしたちが目にしているのは、生命維持に必要な飲食と人間関係（両親、きょうだい）にかかわる言葉の習得なのであり、結局のところそれはとてもロジックなことです。そしてこの進展で目ざましいのは、初歩の概念を身につけたあとで子どもの語彙が増えていく進化の速さ。息子が本を一冊広げ、突然新しい言葉を使って絵の説明をしてくれたりすると、いつのまに、どうやって覚えたのかしらと自問することもあります。研究者でソルボンヌ・ヌーヴェル大学教授のアンヌ・サラザール゠オルヴィグによれば、子どもは2歳から6歳の間に1日あたり10の単語を覚えるのだそうです。

フランス語っぽい日々 84

Un petit
air de
français
au jour
le jour

mars 2020

小学校への入学を控えた長男がランドセルを手にした時とても喜んでいました

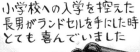

スーパーに上履きを一緒に買いに行った時もうれしそうだった

他にも防災頭巾や通学用の帽子、体操服など今まで長男が知らなかった物がどんどん集まり

ふだんは椅子の背もたれのカバーになる

新しい教科書が届くといよいよ保育園にはなかった「べんきょう」が小学校では始まるのだという高揚感がありました

すべてのえんぴつに名前を入れる

こうした過程を身近で見ていて何故園児たちがみな一様に新生活への期待に胸を膨らませるのかよくわかりました

あれだけ新しいグッズをもらったら気分がアガるよね

全く新しい環境に飛び込む不安を吹き飛ばしてくれるのは人生の門出にふさわしい品物の数々なのだ

ところで今や40代後半になった私に「新生活を迎える」といった転機は今後訪れるのだろうか

フランス人の妻は時々「老後の生活は母国で」と匂わせている…

つまり私がフランスの介護施設に入所するという新生活が将来あるかもしれない

Allez,
M. Jean-Paul,
il faut
manger
(ほら ジャンポールさん 食べないと)

何言ってんだ？

その時に私の不安を解消する物とはなんでしょう？

AI自動翻訳機

人生を変える
Changer de vie

　日本では、3月から4月にかけては大きな変動の時期です。ひとつの学年を終えて次の年度が始まったり、配置換えがあったり、転職したり。こうむったことでも、選んだことでも、望むと望まざるとにかかわらず、要するに、生活／人生は変わるのです。もしかすると、あなたも、わたしも、まさにその準備に取りかかっているところかもしれません——人生を変える。

　人はどうして、ときに人生を変えたいと思うのでしょう。答えはたいてい同じで、でもそこには矛盾があります。「人生を変えようと思うのは、人生が一度しかないから」。一度きりの人生、ならば無駄にはしたくない。だって人生は短いのだと、ずっと何度も聞かされてきたから。こうして人はジグザグに進み、そうすると人生はより長く、直線ルートではないような気がしてきます。

　方向転換したほうがいい、このまま真っ直ぐ進みつづけるなんて人生じゃない、そう自分に言い聞かせることもあります。しかし残念ながら、道は常に選べるとは限らず、その道にある障害物が全部見えているわけでもありません。立ち往生することだってあります。そしていちばん残酷なのは、自分の人生をどうしようと、両親が与えてくれたこの生命／人生を、大切にしようとするまいと、結局、人はそれを失って終わるということ。

　「一を失くして十を得る une de perdue, dix de retrouvés」ということわざがありますが、いかんせん人生には通用しません。そう、《c'est la vie それが人生》。がたがた言ってもばたばた生きても始まりません。いざ、素晴らしき新たな人生へ。

初出

雑誌『ふらんす』（白水社）2013年4月号〜2020年3月号
C'est vrai ？／フランス語っぽい日々

翻訳
深川聡子

協力
小林麻香　丸山有美　田中翠

著者紹介

じゃんぽ〜る西　J. P. Nishi

漫画家。

著書『パリ愛してるぜ〜』、『パリが呼んでいる』、『かかってこいパリ』、

『ニュースじゃぽん』、『モンプチ　嫁はフランス人』（全3冊）、

『私はカレン、日本に恋したフランス人』など

カリン西村　Karyn Nishimura

2004年から2019年までAFP通信の記者を経て、

現在リベラシオン紙、ラジオ・フランス特派員。

著書に *La Téléphonie mobile*、*Les Japonais*、*Histoire du manga*、

『フランス人ママ記者、東京で子育てする』、

『不便でも気にしないフランス人、便利なのに不安な日本人』

フランス語っぽい日々

2020 年 10 月 10 日　第 1 刷発行
2020 年 10 月 30 日　第 2 刷発行

著　者 ©　じゃんぽ〜る西
　　　　　カ　リ　ン　西　村

発行者　　及　川　直　志
印刷所　　研究社印刷株式会社

発行所　101-0052 東京都千代田区神田小川町 3 の 24
　　　　電話 03-3291-7811（営業部），7821（編集部）　株式会社　白水社
　　　　www.hakusuisha.co.jp
　　　　乱丁・落丁本は送料小社負担にてお取り替えいたします。

振替 00190-5-33228　　Printed in Japan　　加瀬製本

ISBN 978-4-560-08881-4

日本で唯一のフランス語・フランス語圏文化専門の総合月刊誌

ふらんす

毎月23日頃発売

○初級者から上級者まで
　知的好奇心を刺激する様々なレベルの記事が満載
○白水社ならではの充実した執筆陣
○フランス語（文法・発音・会話・作文・リスニング）、政治、社会、
　歴史、文学、思想、映画、食など語学記事から文化記事
　まで幅広いラインナップ
○フランス関係の知っておきたい最新情報

「C'est vrai ?」／「フランス語っぽい日々」絶賛連載中！